考古学リーダー2

戦國の終焉

よみがえる天正の世のいくさびと

木舟城シンポジウム開催記録

木舟城シンポジウム実行委員会　主催
福岡町教育委員会

千田嘉博　監修
木舟城シンポジウム実行委員会　編

六一書房

発刊にあたって

平成14年11月に開催いたしました木舟城シンポジウム「戦国の終焉」～よみがえる 天正の世の いくさびと～が、このたび紙上で公開されるはこびとなりました。

古くからたくさんの人びとの関心を引いてやまない木舟城の実態解明に本格的に取り組むため、平成８年に調査検討委員会を発足させ、足かけ６年に渡り調査を継続してまいりました。その間、多くの遺物が発掘され、いろいろなことがわかってきました。その調査成果を踏まえて、木舟城の大切さ、素晴らしさをぜひ皆様にも知っていただきたい。そんな思いでシンポジウムを開催いたしました。

このような歴史的分野のイベントは、福岡町では初めてのことです。現在、文化の薫り高いまちづくりを目指しておりますだけに、シンポジウムの開催がもたらす反響に大きな期待をしているところです。温故知新、故きを温ねて新しきを知る。昨年のシンポジウムに基づいて発刊される本書は、この言葉のとおり木舟城の歴史を知り、新たな地域の核の一つとして今後活用していく上で、大切な役割を果たす一冊になることでしょう。

私も以前から木舟城につきましては、大変関心を持ってまいりました。この城にはロマンがありますし、夢が広がります。そして、シンポジウムの興奮を再び味わうことができる本書の刊行を心待ちにしておりました。読者の皆様方にも、本書が木舟城のことをよく知っていただくきっかけとなればと願っております。

最後になりましたが監修をお務めいただきました千田嘉博先生をはじめ、ご執筆いただいた先生方には、お忙しい日々の研究の合間を縫って本書の刊行に御尽力下さいまして本当に有難うございました。心より感謝を申し上げまして発刊のことばとさせていただきます。

福岡町長　石澤　義文

例　　言

1．本書は、2002年11月30日に富山県福岡町総合町民センター（Uホール）で開催されたシンポジウムの報告書である。

2．本書は、当日口頭発表のテープ起こしと解説図録を基に、各報告者が加筆修正したものを木舟城シンポジウム実行委員会が編集し、国立歴史民俗博物館千田嘉博が監修したものである。

3．掲載資料の図版及び写真は各執筆者からご提供いただいたほか、国立歴史民俗博物館・福井県立一乗谷朝倉氏遺跡資料館・富山県文化振興財団・富山新聞社より資料提供を受けている。

4．シンポジウムの日程は次のとおりである。

2002年11月30日（土）

13：00　開　　場　　　13：30　開演・福岡町長挨拶

13：40　第Ⅰ部　概説「木舟城の時代」（映像紹介）

13：50　第Ⅱ部　講演「戦国の城を読む」千田嘉博（国立歴史民俗博物館）

14：30　第Ⅱ部　事例報告「その時、木舟城は…」

①「戦国の城と城下町の解明－木舟城と石黒氏の興亡－」

高岡　徹（木舟城跡調査検討委員）

②「木舟城のすがた」栗山雅夫（富山県福岡町教育委員会）

③「木舟城の城下町」酒井重洋（富山県文化振興財団）

④「天正大地震と城下町－長浜町遺跡－」

西原雄大（滋賀県長浜市教育委員会）

⑤「木舟城の地震考古学」寒川　旭（産業技術総合研究所）

⑥「越前一乗谷」岩田　隆（福井県教育庁埋蔵文化財調査センター）

16：20　質疑応答　　　16：30　総　　括　　　16：40　閉　　会

2002年11月23日（土）～12月1日（日）

出土遺物展示（於Uホール内イベントホール）

「よみがえった戦国時代　木舟～一乗谷～長浜」

（安土城復元CGも会場内で上映）

考古学リーダー2

「戦国の終焉」～よみがえる 天正の世の いくさびと～

目　　次

第 I 部

概説「木舟城の時代」

江戸城中心部(『天下統一と城』国立歴史民俗博物館 2000 より)

今からおよそ500年前の日本、下克上の世を生き抜くため、全国各地で戦国武将らがしのぎを削っていました。戦は多くの悲劇を生む一方で、織田信長、豊臣秀吉、徳川家康の登場によって天下統一の実現にも至りました。

一般的なイメージとしての城は、その信長・秀吉・家康によって造られた城の姿、江戸城はその集大成です。しかし、戦国の世にはさまざまな形態の城が多く築かれ、その城一つ一つに歴史があります。

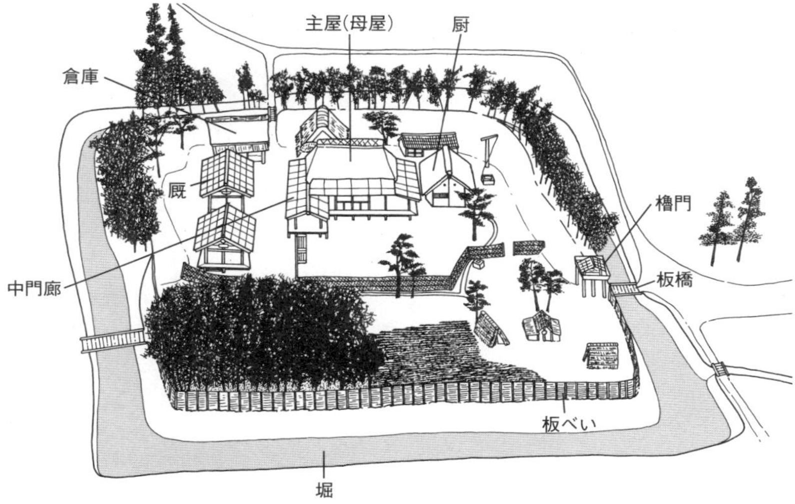

方形館のモデル

木舟城は、伝承によれば、寿永3年(1184)、石黒太郎光弘が築城しました。時の源義仲に石黒氏は味方していました。牛の角に松明を付け敵の陣中に突入させた火牛戦法。義仲が一気に歴史の表舞台に躍り出るきっかけとなった倶利伽羅峠の戦いです。このころ木舟の城は生まれました。

石黒氏は、石黒の荘があった現在の福光町周辺を本拠地にしていましたが、源氏方について勢力を広げ、糸岡荘《いとおかのしょう》と呼ばれた木舟の地に城を築いたと考えられています。築城当時の木舟城の姿は明らかではありません。ただ、同じ時代の様子を記した絵巻物や各地の発掘調査の成果から、周囲を堀で囲まれた四角い形の館が原型と考えられています。

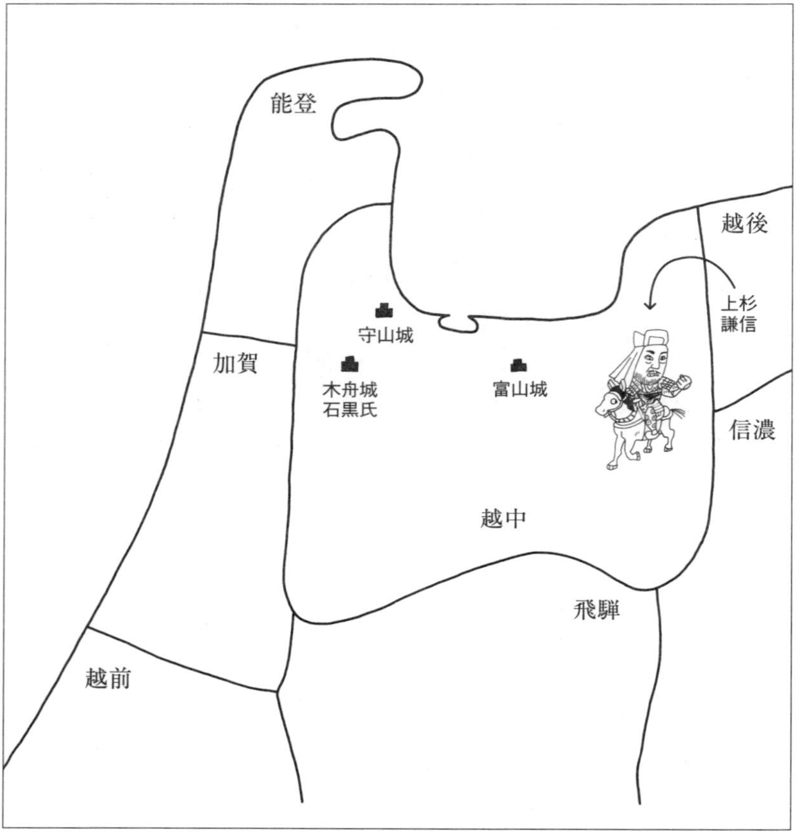

上杉謙信　越中入国

戦国時代、越中国内は守護代であった神保氏を中心に国人領主が勢力を伸ばしていました。そこに永禄３年３月、越後から上杉謙信が攻め入ります。

神保氏は敗れ、越中の国人領主の多くが上杉方につくなかで、このころの木舟城の主、石黒左近蔵人成綱もまた上杉方として活躍。しかし、天正６年、上杉謙信の死去で木舟城はめまぐるしい時代の流れに巻き込まれていきます。

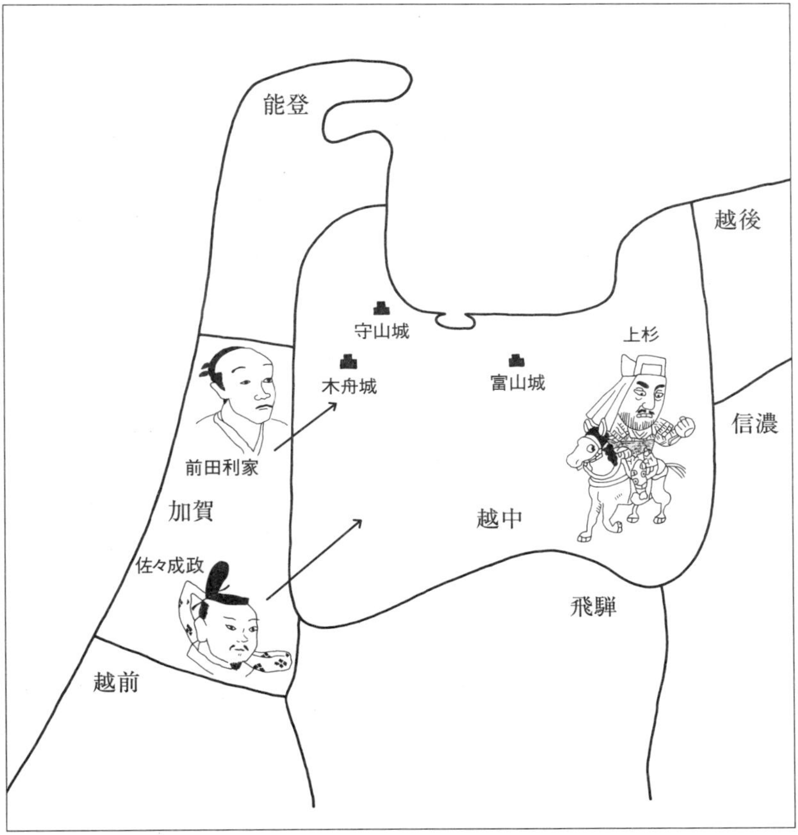

利家・成政　越中入国

謙信の急死を知った織田信長は、旧守護代にあたる神保長住を越中へ入国させ、国人領主の取り込みを命じます。その結果、上杉方から織田方へと帰属を代えるものが続出。木舟城主石黒成綱も時流に乗り、織田方に立つ意思を表明しています。

織田・上杉の攻防が一進一退を続けるなか、天正９年(1581)、信長は佐々成政に越中の平定を指示。当時の織田勢は、柴田勝家を大将に、前田利家、佐々成政らによって編成されていました。

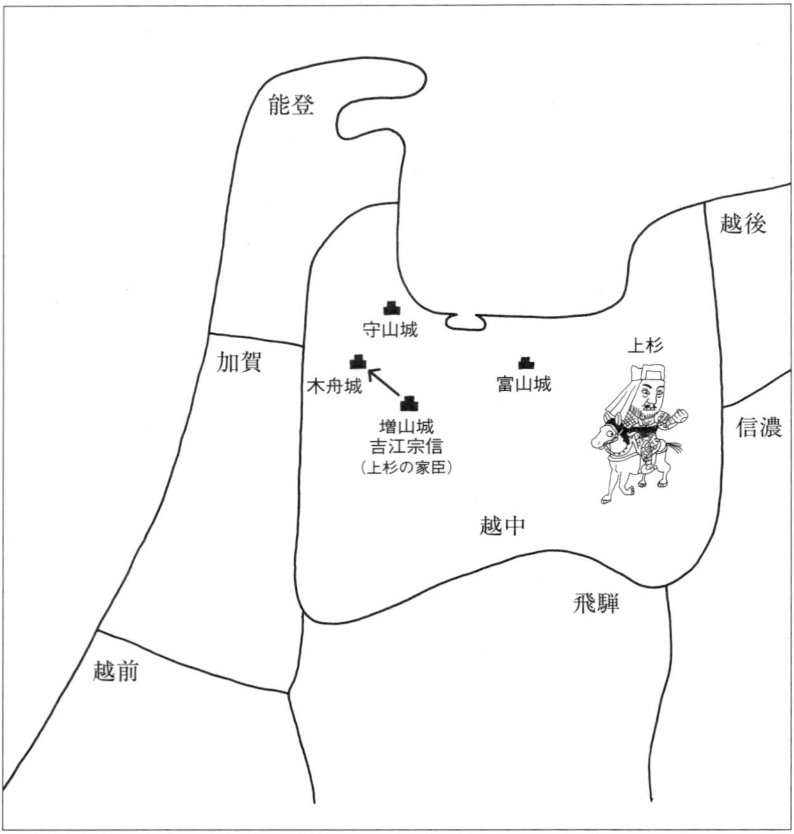

吉江宗信　木舟入城

加賀、そして能登が織田方により平定されていくなかで、その戦力は越中へと集中させることが可能となる一方、対する上杉方は、天正９年、現在の砺波市にあった増山城を焼き払います。

増山城は、守山城(高岡市)、松倉城(魚津市)とともに、越中三大山城として有名な城ですが、その増山城を捨ててまで上杉方が入城したのは、実に木舟城でした。

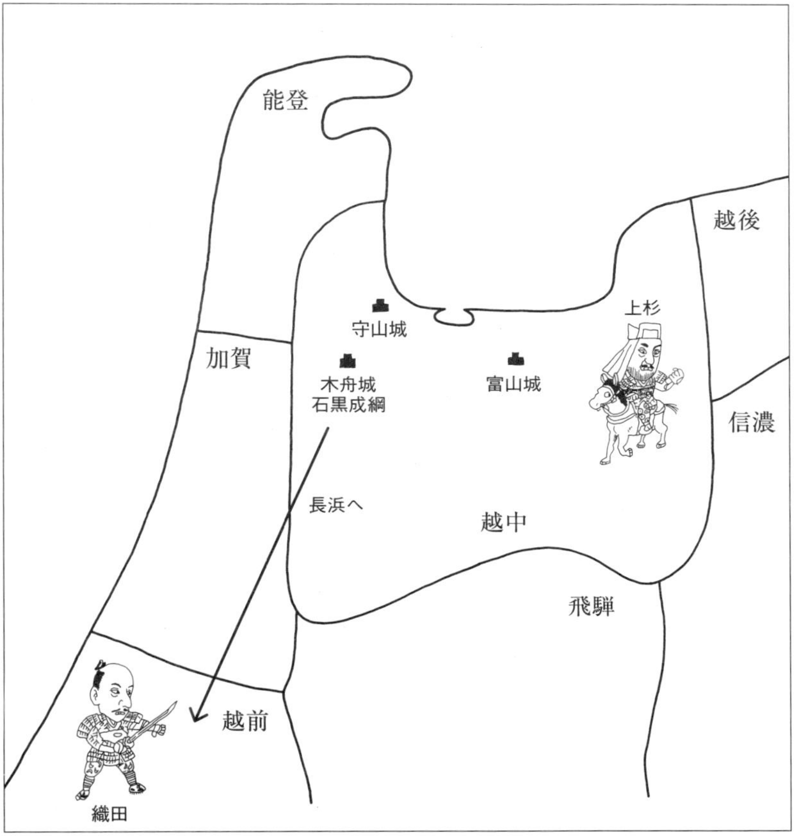

石黒成綱　謀殺

木舟城主石黒成綱が再び上杉方についたのかどうか、真相は明らかではありませんが、信長は成綱やその家臣らを安土城へと呼びます。成綱らを待っていたのは死でした。信長の命を受けた丹羽長秀勢により、安土城への道中討たれてしまいます。

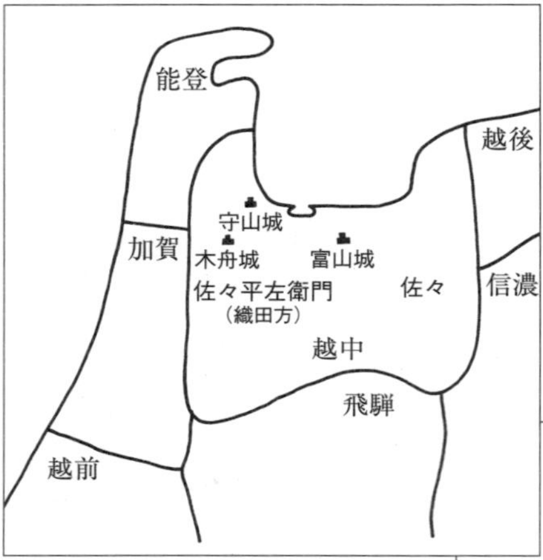

佐々平左衛門　木舟入城

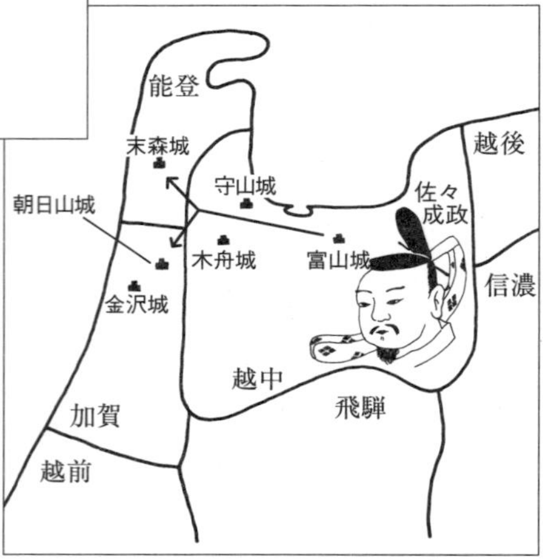

佐々成政　末森城攻撃

その後、木舟城は織田方によって落城。佐々成政の家老佐々平左衛門が配置されます。その後、成政が越中を平定しますが、そのとき信長の跡を継ぐかたちとなった豊臣秀吉の台頭は著しく、反発した成政は秀吉との対立を深めていきます。このことは秀吉方についた隣国、加賀の前田利家との対立も意味し、ともに戦ってきた仲でしたが、成政は利家の領国に攻め入りました。このとき木舟城も戦の拠点となり、木舟からの軍勢は宝達山を越えましたが、成政は敗北し撤退する結果となります。

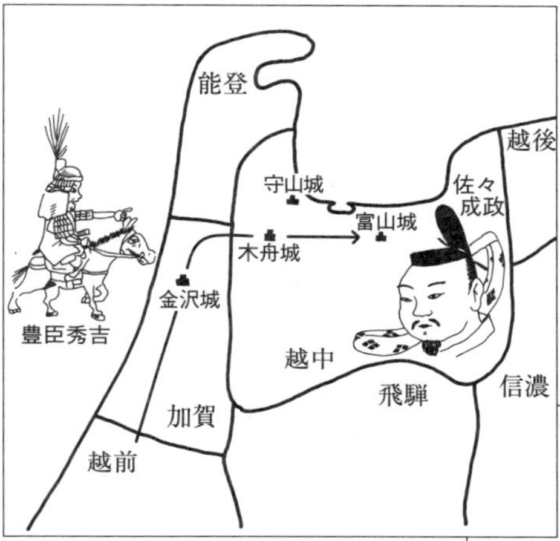

秀吉　越中平定

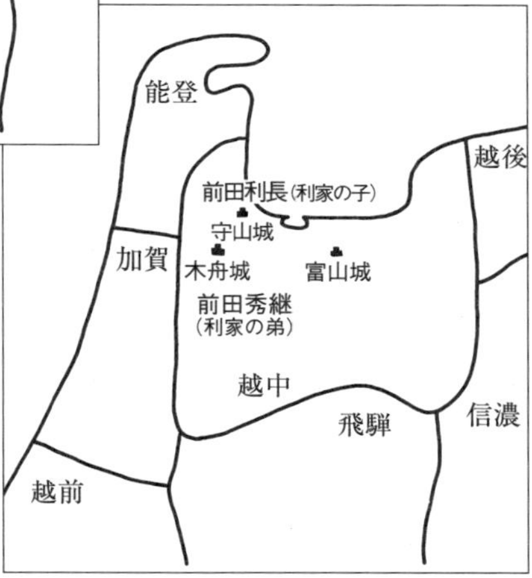

前田利長・秀継　越中入国

天正13年(1585) 8月、豊臣秀吉が越中に攻め入ります。このとき木舟城は兵を引き払っており、戦わずして成政は降伏に追い込まれました。成政の降伏後、木舟城には前田利家の弟である秀継が今石動城から移りました。一方で、砺波・射水・婦負の3つの郡が利家の息子利長に与えられ、今の高岡市の守山城に入ります。これで越中における戦国の動乱は終焉を迎えたわけです。

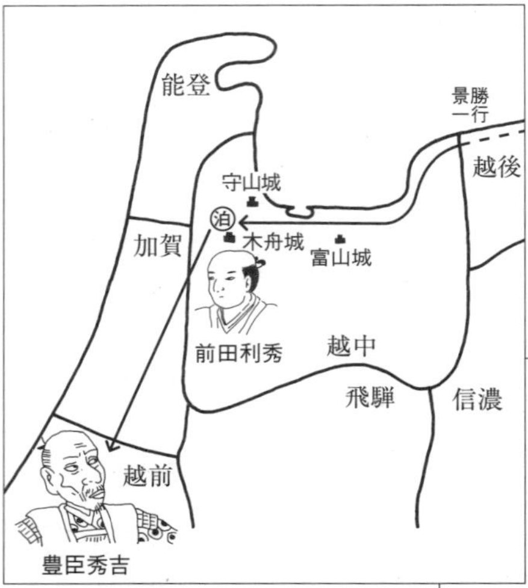

上杉景勝　上洛

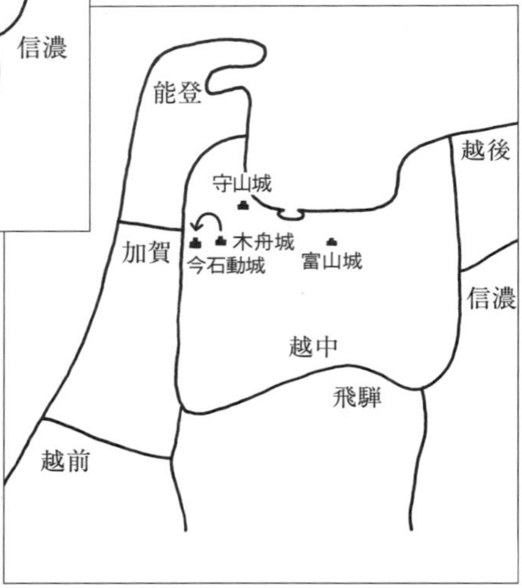

前田利秀　今石動へ移る

戦の炎が収まった矢先、半年もたたないうちに新たな悲劇が木舟を襲います。天正13年11月29日、大地震が城主前田秀継夫妻の命を奪い、城も城下町も大きな損害を受けました。城主を継いだ息子の利秀は、地震の翌年、京に向かう上杉景勝を泊めてもてなすほどに城の修復を進めていました。しかし、限界があったのか、かつての古巣、今石動城へ戻ります。これでついに木舟城は廃城、城下町も移転していきました。

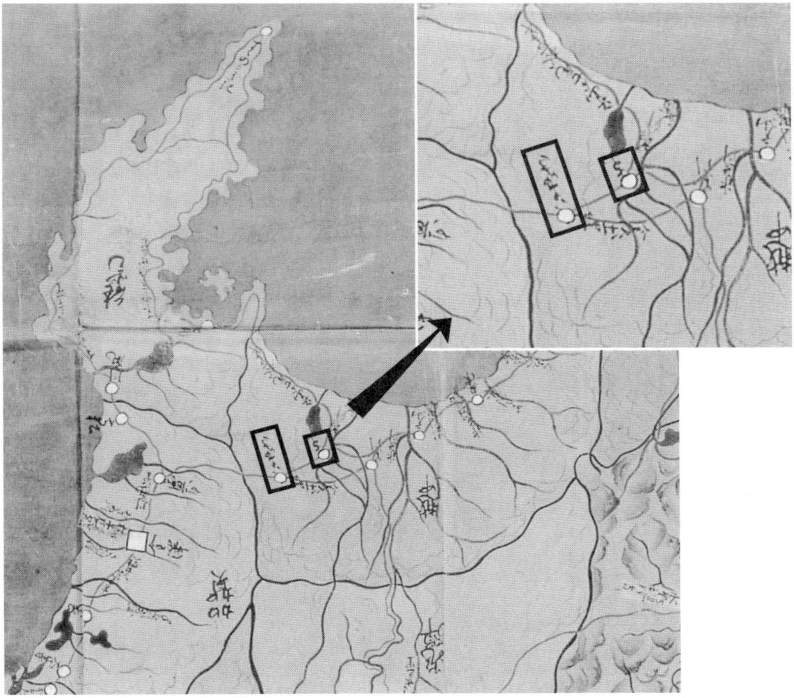

慶長日本総図
（国立国会図書館蔵『ふるさと富山歴史館』富山新聞社 2001 より）

慶長14年(1609)以前に作成されたと考えられる地図。よく見ると、画面左の白丸は「いするぎ」、その右には「守山」の地名が見られます。この時点ではまだ高岡の姿は見えません。いするぎの前身である木舟が、当時いかに重要な位置を占めていたのかがうかがわれます。

高岡市木舟町

高岡城は慶長14年に完成し、すでに隠居の身となった前田利長が入城します。その城下町を見ると、中心部には木舟町の名が見られます。木舟城下町にいた町人が、今石動を経て高岡の地に住まわされたものと解釈できます。そして、その名は現在にも残されており、土蔵造りの残る古い町並みとして保存・活用されています。

立山を望む（手前の小丘が木舟城跡）

戦国の世の移り変わりを目の当たりにしてきた木舟城、時はめぐり、その城をめぐる歴史をさらに明らかにしようと、今、さまざまな調査が行われています。歴史を知り保護していくことは、ここ福岡の地の先人たちの姿を浮き彫りにします。過酷な時代を駆け抜けた人びとの思いや生きざま、それは激動の時代を生きる私たちにとって、明日への大きな道標といえます。

第 Ⅱ 部

基調講演「戦国の城を読む」

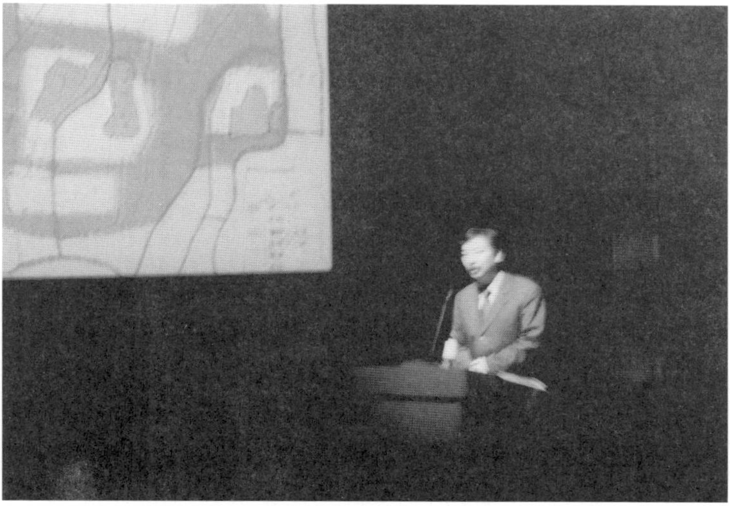

千田嘉博氏（国立歴史民俗博物館）

戦国の城を読む

国立歴史民俗博物館助教授　千田　嘉博

1．木舟城跡を調査する意義

どうぞよろしくお願いいたします。たいへんよくまとめられたビデオを拝見しまして、木舟城がどういう歴史的な中でつくられ、そして最後に役割を終えたかというのがよくわかりました。

遺跡の中には集落や古墳などいろいろなものがありますが、城跡は多くの人びとに特に愛されている遺跡といえます。先日、お隣りの石川県金沢城内で行われている「加賀百万石博」を見学しましたが、たくさんの方々が『利家とまつ』をテーマにした展示館に詰めかけていて驚きました。

福岡町に参りまして昨日、教育委員会で打ち合わせをしておりましたら、お菓子を頂戴しました。そのお菓子をよく見ますと「木舟城」というお菓子でありまして、やはりこの福岡町でも木舟城が愛されていることを、頂戴しながら体感した次第です。今日もこんなにたくさんの方々が会場においで下さいました。木舟城は地域の方々の愛情という点では、金沢城に負けておりません。

さて現在の木舟城は県の指定史跡としてその一部が保護されており、誰でも現地を訪ねることができるわけです。しかし実際に現地に行ってみますと、あまり城らしさといいますか、当時の城の様子がはっきりとはわかりにくい状態です。とても残念なことですが、現状としては、田んぼの中に少し高いところが残っているかなという感じです。こういう状況ですと、城としての雰囲気を現地を訪ねても体感しにくいわけです。

そこで石澤町長さんのお話にもあり、また歴史をまとめたビデオでもありましたように、福岡町では学術的な発掘調査を行い、その成果をりっぱな報告書にをまとめておられます。さらに本日シンポジウムを開催され、合わせて県内外の関連資料を一堂に集めた展覧会を実施しておられます。木舟城跡からどんな歴史がわかってきたのか、調査の成果を地域のみなさんと共有しよう、全国へ発信しようと一生懸命に、町が取り組んでいるのです。

こうした取り組みは富山県内でも特筆されるもので、全国的にも高く評価されます。このような先進的な取り組みを行うには、石澤町長さんのお話にもありましたように、まずは地元の方々が発掘調査にご協力下さり、理解して下さっていることが前提になります。私も研究者の立場から、地域の皆様に心から敬意を表したいと思います。

私自身は愛知県の出身ですから、先ほどのビデオを拝見すると、織田信長といい豊臣秀吉といい、福岡町をはじめ富山県の皆様のご先祖に、大変なご迷惑をおかけしたようです。申し訳ない気持ちになっています。信長や秀吉の肩を持つつもりはありませんが、今日は後ほど、安土城のこともふれたいと思いますので、最初にお詫びをしておきます。

さて城跡は、最初に申しましたように今でも多くの方々から愛され、親しまれていますが、城の遺跡を跡としてそのままにしておくだけでは、実際はどんな城だったのかという姿は見えてきません。福岡町でも一生懸命に発掘調査を重ねておられますが、こうして城跡を調査することに、どのような今日的意味・意義があるのかということを意識することは、非常に重い問題です。

私が考えていますのは、その城跡がどんな城だったのかを調べるということには、地域の歴史を解明するということで、まず大きな意義があるといえます。しかし城跡の調査は、単に歴史のなぞを解くというだけではなく、その地域固有の、例えば福岡町なら福岡町固有の特質、あるいは地域の個性を見つけ出していく、といった夢のある未来に向かっての作業という別の意義をもっていると思います。

石澤町長さんのお話の中に町村合併の話が出てまいりました。最近はどこでも市町村合併の問題が話題になっています。自治体が合併していくことは諸般の事情でいたしかたないことだと思いますが、しかし合併を進めることによって地域の個性や歴史が希薄になってしまうとすれば残念なことです。

そういう現代の町や地域の変化の中に暮らしているということを思い起こ

しますと、今、地域固有の文化財－歴史遺産－をいかに活かして新しいまちづくりを進めていくのかということは重大な課題といえます。長い歴史の中で福岡町の地域が果たしてきた重要な役割や位置をはっきりと示し、体感する空間として、木舟城跡は過去の遺跡としてだけではなく、未来の地域の意識づくりや、歴史性にもとづく地域像を共有するのにますます重要になってきたといえるのです。

だからその第一歩として、調査と研究を重ねていくことの意味を地域の皆様にご理解いただき、応援していただくということが、なんといっても必要なのです。

2．足利将軍邸と室町時代の木舟城

さて木舟城がどんなお城だったのかという本題に入っていきたいと思います。現地の木舟城を訪ねますと、平らなところに城跡があります。普通、城跡というと、大きな天守や石垣があるというイメージが強いと思いますが、現状の木舟城跡を見てみますと、「館のようなお城だったのかな」というふうに感じられるのではないかと思います。

室町・戦国時代の館では、京都にありました幕府の館－足利(室町)将軍の館－がもっていた歴史的意味がわかるようになってきました。図１は私の勤めております国立歴史民俗博物館が所蔵しております「歴博甲本　洛中洛外図屏風」に描かれた将軍邸の姿です。洛中洛外図屏風は江戸時代にもつくられましたが、中世にさかのぼる洛中洛外図屏風で、完全な形で残っているものは３点しかありません。そのうちの２点を我が国立歴史民俗博物館が所蔵しています。

将軍の館ですから、なかなかりっぱな館として描かれています。詳しく見てみましょう。館のまわりには築地塀《ついじ》がめぐっています。画面の右下が館の北東の角になります。北東は鬼門と申しまして、悪しきものが館に入ってくる危険な方角と信じられていましたから、特別な配慮をしております。そこには「ちんじゅ」と書いてありまして、鬼門を除ける神社を置いていたことがわかります。中世の人びとの心の世界をかいま見ることができるのです。

図１　「歴博甲本　洛中洛外図屏風」が描く足利将軍邸（国立歴史民俗博物館蔵）

館の正面には２つの門があります。向かって左側の格式の高い門が将軍が出入りし、高貴な方をお迎えした正式の門で「礼門」でした。向かって右側の切り妻屋根の門が通用門でした。裏にも通用門がありますが、日常に使うものと正式なものを分けていたことがわかります。

中に入りますと大きなお庭がありまして、奥にひときわ大きな屋根がたくさん見えています。正面の大きな建物が「主殿」と呼ぶ正式の対面を行った御殿です。この主殿の儀礼では、偉い人が奥の上座に座って、偉くない人は部屋の端っこに座って、もっと偉くない人は建物の縁側に座って、もっともっと偉くない人は、外のお庭に座っていただくということをしておりまして、誰が偉いかということ、主従の関係を確認する儀礼をしていました。

それに対して、左手の大きな庭に面した建物は「会所」に比定できます。会所では、身分の上下をとりあえず横において、一緒に連歌を詠んだり、能などを観賞したり、一緒にお酒を飲んだりということをいたしました。館の中に身分の上下を意識させる空間と、身分の上下ではなくパーソナルな人間関係をつくり出す空間が並んでいたことになります。

現代社会でも昼間会議をしていろいろなことを決めますが、実は会議中よりも、会議が終わったあとの宴会や懇親会で、本当に大事なことが決まったりするということがあります。会場の皆さんにもそうしたご経験があるのではないでしょうか？室町時代も同じように、正式の堅苦しい儀式をするところだけでなく、人としてのつながりや信頼関係を構築する場があって、うまく政治が進んでいったということがわかります。

こうした主殿と会所とを組み合わせた館のかたちが、室町時代から戦国時代にかけた各地の大名の館のお手本になっていたことが発掘調査の結果わかってきました。この木舟城も、室町時代にはすでに城としてあったといいますから、室町時代の木舟城は、将軍の館をお手本にした館タイプの城だったと想定できます。

3．安土城と戦国時代の木舟城

ところが、16世紀に入って本格的な戦国時代になりますと、新しいタイプの山城が各地に出現してきました。それ以前の山城と大きく異なった点は、山城の中に大名や家臣が住むという日常的な居住機能を併せもった山城が出てきたことです（山のない地域では、館から平城へというかたちで変化しました）。

戦国時代にはこのような戦国期拠点城郭を多く見ることができますが、同じ戦国期の城にも面白い違いを見つけることができます。拠点城郭にはたくさんの曲輪がありましたが、曲輪どおしをどのように連結したかということに焦点を当てて分析してみましょう。図２をご覧下さい。青森県浪岡城は１としたところが本丸（主郭）でした。この本丸に行くときにどうしたかといい

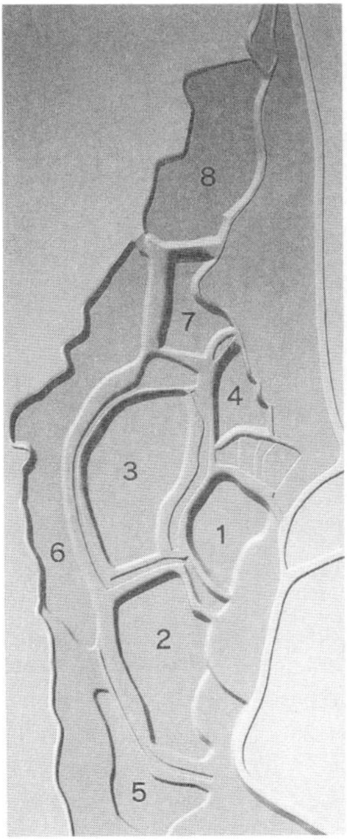

図２　青森県浪岡城 並列構造
（『木舟城シンポジウム解説図録 戦国の終焉』福岡町教育委員会 2002 より）

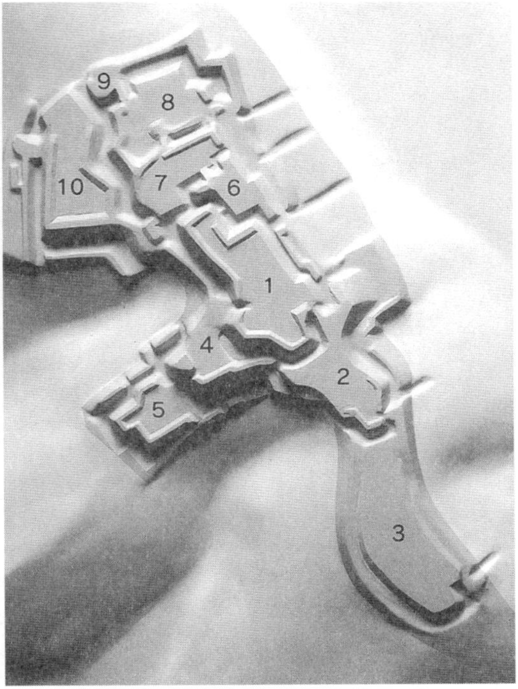

図３　埼玉県杉山城 求心構造
（『木舟城シンポジウム解説図録　戦国の終焉』福岡町教育委員会 2002 より）

ますと、堀の間の土手の道を通って本丸に行きました。隣りの曲輪２に行きたければ、やはり土手の道を通って行き、曲輪３に行きたければ同じようにまわりの堀に沿った土手を歩いて入るというかたちでした。つまり城は大変大きかったのですが、それぞれの曲輪をそれぞれ堀で守っていて、出入りの仕方もほかの曲輪を経由することなくそれぞれのところに入っていくのが基本になっていて、城の構造はまさに横並びの関係でできあがっていました。

ところが戦国時代には浪岡城とは異なった構造の城もありました。図３は埼玉県杉山城です。１が本丸（主郭）ですが、本丸に行くためには、例えば図

図４　安土城全景(以下、図10まで国立歴史民俗博物館制作安土城復原ＣＧより
※天主は内藤 昌氏の復原による)

の右下の方から行きますと、曲輪３を越えて曲輪２を越えて主郭１に入ります。左下から行きますと、曲輪５に入って曲輪４に入って主郭１にたどり着きました。左上から行くと大変でしたが、曲輪10→曲輪９→曲輪８→曲輪７→曲輪６と幾重にも堀と土塁・曲輪を越えて、ようやく主郭１に到着できたのです。

今、一般に城といいますと、三の丸、二の丸、本丸というように、最終的に本丸を守るようになっていると考えるのが当たり前だと思いますが、実はそうした城のかたち－求心的もしくは階層的－な構造の城が確立したのは16世紀の戦国時代になってしばらくたってからだということがはっきりしてきました。ですから戦国時代の間に横並びのかたちの城から求心的なかたちの城へという大きな流れがあったのです。このような求心的な城として、戦国時代の到達点として出現した城が、織田信長の安土城でした(図４)。

安土城下町は、町から城までが一つになった城下町でした。城と城下が一

図５　安土城下町

つになったのも、実は信長の安土城から始まったことで、そういった意味ではちょうど中世から近世への城、もしくは城下町の転換点が安土だったといえます。安土城下は、有名な「安土山下町中掟書」からわかりますように、城下町を楽市にすると信長が宣言しました。ですから諸役免除、いろいろなものの負担をしなくてもいい特権を住人は与えられました。また中世は職能組合の「座」があって、自由に商売ができなかったのですが、安土城下では自由な商売が許されました。当然、急激に栄えたわけです(図５・図６)。

城としての安土城はどうだったのでしょうか？現在、安土城はすべての建物が失われて石垣が残っているだけです。しかし本当はたくさんの建物が山上・山腹・山麓を埋め尽くしていました。山腹では大規模な造成を行い、斜面に石垣を築いて段々をたくさんつくりました(図７)。そして、いくつかの段をまとめて、山腹に上級武家屋敷を設けていました(図８)。

城の中心部はどうだったでしょうか？図９のように、もっとも高いところには天主がありました。安土城の天主には諸説あります。もっとも有名なの

図6　にぎわう城下

は内藤 昌さんの復原です(図10)。天守のすぐ下には大きな本丸御殿がありました。普通、本丸御殿といいますと、城主の住んでいる御殿が本丸御殿になるわけですが、この安土城の場合はおもしろいことに、この本丸御殿が普通の御殿ではなくて、京都で天皇がお住まいになっている清涼殿と同じかたちをしていたことがわかってきました。

しかし、信長が天皇の住まいと同じものを建てて、この御殿に住んだのではありませんでした。では信長はどこに住んでいたかといいますと、先ほど紹介した天守に住んでいたのです。戦国時代には先ほど、浪岡城と杉山城との比較でお話ししましたように、横並びのかたちの城から、本丸を中心とした階層的な城に変わっていきました。この城のかたちが求心化していったということと、戦国時代の山城は、内部に大名や家臣の屋敷を内包していったということとを重ねて考えると、安土城で信長が天主に住んだ歴史的意味がわかります。

つまり、城の中でもっとも守られ、もっとも高いところにある本丸に信長

図７　大手道から見上げた安土城(※天主は内藤 昌氏復原による)

図８　伝羽柴秀吉邸

図9　安土城中心部(※天主は内藤 昌氏の復原による)

が住むことで、誰が一番偉いかということをはっきり示そうとしたのです。各地の大名たちも山城の本丸に住んでいましたから、信長はさらに本丸の上に天主という新しい象徴的な建物を創出して、大名たちよりも高いところに住もうとしたのでしょう。

そして信長の家臣たちが天下布武の過程で各地に城を築いていったときに、実はこの安土城の求心的なかたちが手本になっていきました。信長が倒れた後には、秀吉や徳川家康の城が各地の大名の城の手本になりました。室町時代には将軍の館が手本でしたが、戦国の動乱を経て、信長・秀吉スタイルの城が新たな手本になったのです。

こうした戦国時代の城の流れがわかってくると、安土城に信長が込めた隠された意図も浮かび上がってきます。天皇の住まいである本丸御殿(天皇の行幸用に建てた御殿)を見下ろし従えた天主という位置関係からは、信長は天皇を凌駕した存在として自分自身を位置づけていたと考えざるを得ないのです。信長は安土城を天正4年(1576)からつくりましたが、明らかに天皇よりも自

図10　天主と本丸御殿(※天主は内藤 昌氏の復原による)

分が偉いという意図を安土城中心部のかたちに込めたのでした。

城のかたちのほかにもいろいろ証拠があります。国立歴史民俗博物館の小島道裕さんと一緒に考えたのですが、例えば織田信長は岐阜城以降、「天下布武」という印を使うようになりますが、安土城をつくり始めたころから、「天下布武」という印文は変わらないのですが、印のまわりに2匹の龍が取り巻いているデザインのものを使い始めました。

龍は中国の皇帝イメージをシンボルとしたものといってよいと思いますし、この安土城の天守も、史料を見ますと、唐様－中国風－につくれということを信長が命じたということが書いてあります。それらは天皇を超える存在としての皇帝というものを、信長がイメージしていたとみて矛盾しません。

さらに、信長自身が本能寺の変で亡くなる晩年近くになりますと、あらゆる官位をみんな朝廷に返上して無位無冠の状態です。ですから、天皇の権威と信長は離れていたわけです。それにもかかわらず、日本列島の中心部分を実質的に支配していて、天皇の権威から自由な立場で政治を進めていくこと

図 11　木舟城推定復原図(明治 8 年地引絵図より　福岡町教育委員会作成)

ができる状況にあったのです。

安土城のかたちには信長がめざした天下統一後の社会の設計図が秘められている、ということをお話ししてまいりましたが、戦国時代の木舟城を考えるのにわざわざ安土城を登場してもらったのには訳があります。図11は木舟城の推定復原図です。くわしくは栗山さん、あるいは高岡さんのお話の中でご説明があると思いますが、私も少しこの図を見ながら最後のまとめをさせていただきたいと思います。

木舟城は天正９年に、佐々成政の家臣佐々平左衛門という方が城主になったといわれています。そのあと佐々が越中国を追われますと、前田秀継が木舟城の城主を継ぎました。しかし、すぐに天正大地震があり、城のかたちとしては佐々の時代の工事によってできた部分が大きかったと思われます。こうした歴史から信長系の城づくり、あるいは城下町づくりの考え方が最終段階の木舟城には採り入れられたとすることができるのです。

当時の城づくりは先ほど申し上げましたように、信長や秀吉の家臣たちはめいめいが勝手に城をつくったのではなく、信長や秀吉の城をお手本にそれぞれの城をつくっていました。そういうことを考えますと、最終段階の木舟城は安土城のかたちを受け継いで、金沢城や富山城、あるいは高岡城といった信長や秀吉スタイルの城に続いていく系譜のなかに位置づけられる城と評価できます。

おそらく天正大地震で壊れてしまう前の木舟城は、最終的には中世の城から、かなり近世の城に近いかたちに移り変わっていたと想定してよいと思います。そういった中で、先ほど見てまいりましたように、本丸を中心に求心的に二の丸や三の丸を配置するというかたちに変わっていたと思いますし、出入口なども工夫して簡単には入っていけないようなプランになっていたのではないかと思います。

図に示しました木舟城の復原図面をどう見ていくかというのは、後ほどお話があると思いますが、本丸の北側や東側にある曲輪には本丸へ進んでいく土橋か木橋があり、外に向かっては正面ではなく、曲輪の側面に堀を越える土橋か木橋を備えていたと想定することができます。こうした特別なかたちを城の研究では「馬出し」と呼びますが、こうした工夫は富山城にも見ることができた信長・秀吉スタイルの城の特徴です。

また図11の復原図のもとになった地図は、明治８年の地図をもとにしておられますが、北側から伸びてきた道が城の北で大きく屈曲していた様子が読み取れます。このように道をわざと曲げるというのもやはり防御に工夫を凝らした痕跡と見られます。

こうした歴史的背景や遺跡からわかることから、木舟城はまさに富山県の中世から近世への転換期に大きな位置を占めていたということが見えてきます。もちろん室町時代の館の木舟城の意義も大きいのですが、戦国末期の木舟城は富山県内の城が、どのように近世城郭へと変化していったかを検討する重要な手がかりを提供してくれているのです。時代の大きな転換点で輝いた城といえます。

そういった意味では、木舟城は、不幸なことに天正大地震の後すぐに廃絶してしまっていますので、この城を調査することによって、江戸時代の改修に惑わされずに城の変化を明らかにできるのです。全容が判明してくると、全国の城が近世の城へとどう移り変わったかということを考えていくポイントの城になると期待しています。

最初に申しましたように、現状ではなかなか当時の城の姿は見えないのですが、発掘調査をしていただきますと、展示にありますようにものすごいものが発見されています。特に低湿な地形を利用していたために、普通では残らない木製品も大量に残っています。これは当時の生活や文化を考えていくうえで、ほかのお城では得ることができないすばらしい歴史情報です。

これからもぜひ木舟城の調査を続けていただいて、さらにその実態の解明を進めていただきたいと願っています。地域にとってだけでなく、全国の戦国史研究・城郭研究にとって意味ある情報を発信していただけることになります。自信をもって取り組んでいただきたいと思います。そして木舟城というすばらしい城があった、そしてそのまわりにりっぱな城下があったということが次々わかってくることで、福岡町や地域の方々の誇りにしていただける歴史遺産になると思っています。私も福岡町と木舟城にこれからも注目していきたいと考えています。

第 Ⅲ 部

事例報告「その時、木舟城は…」

報告者（所属はシンポジウム当時）

高　岡　　徹　（木舟城跡調査検討委員）
栗　山　雅　夫（富山県福岡町教育委員会）
酒　井　重　洋（富山県文化振興財団）
西　原　雄　大（滋賀県長浜市教育委員会）
寒　川　　旭　（産業技術総合研究所）
岩　田　　隆　（福井県教育庁埋蔵文化財調査センター）

戦国の城と城下町の解明
ー木舟城と石黒氏の興亡ー

木舟城跡調査検討委員　高岡　　徹

1．はじめに

私は、中学生のころから県内の中世の城や館跡について調査や研究をしてきました。田んぼの中を歩いたり山の中に分け入ったり、そういったことをずっとやってきまして、平成8～13年にかけてこちらの木舟城跡の調査検討委員を務めさせていただきました。その関係で今回報告をさせていただきますことを大変光栄に思っております。

ただ、持ち時間が10分ということで、きわめて短いので、延びるのではないかなと思って少し心配しておりますけれども、よろしくお願いします。

先ほど、最初にナレーションでいろいろなことが言われましたので、やや話が重複しますが、よろしくお願いします。

まず、木舟城につきましてはやはり城主の問題がありますので、石黒氏について簡単にもう一度おさらいをさせていただきます。

2．石黒氏の木舟進出

城主の石黒氏につきましては、ここで図1をご覧いただきたいのですが、古代の豪族利波臣氏の出身ではないかといわれています。

現在の福光町の医王山のふもとに、小矢部川の上流になりますが、石黒荘という荘園があり、そこが本拠地になっていたといわれています。

平安時代の終わりごろから、越中の国内で大きな武士団をつくり、源平の合戦では石黒太郎光弘が木曽義仲に与して平家方と戦ったということが『源平盛衰記』にも見えています。

石黒氏は現在の福光町の真ん中にある福光城を本拠としていたわけですが、『闘諍記』によると、室町時代の文明13年(1481)、砺波郡に一揆が起きたと

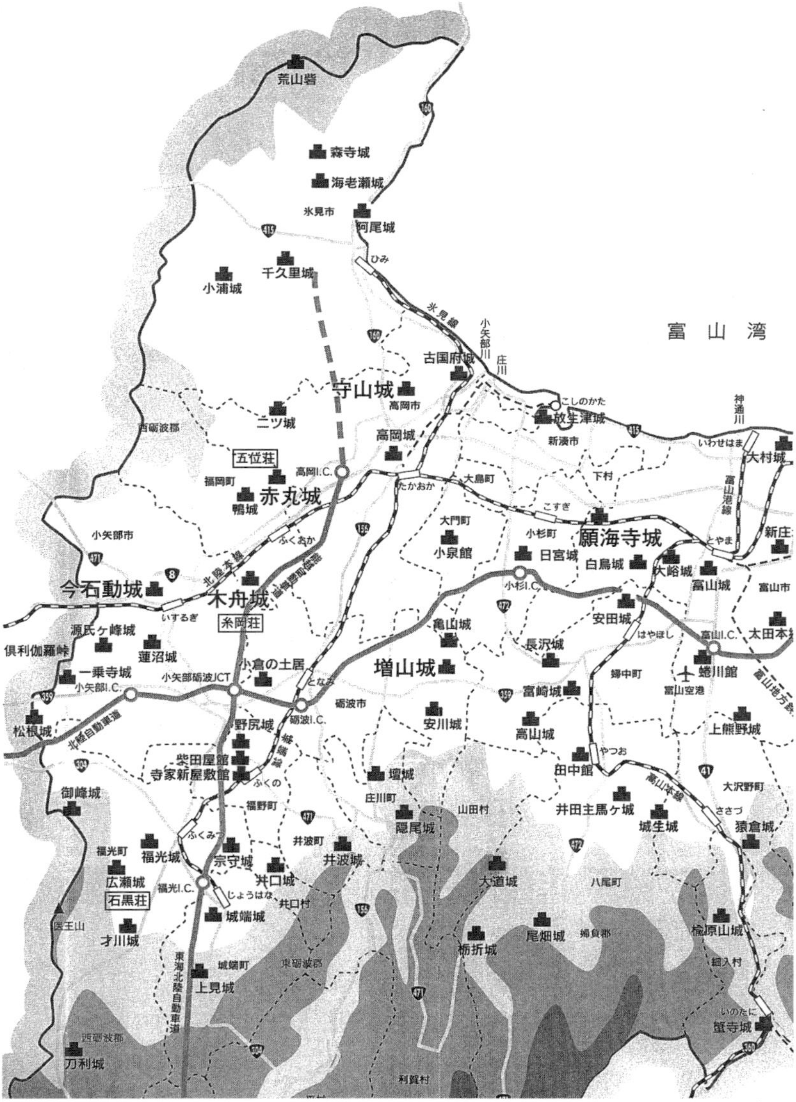

図１　木舟城周辺の城館分布図
(『富山のお城ガイドマップ』富山県埋蔵文化財センター を加筆)

きに井波の瑞泉寺の一向宗徒らと戦って敗れたといわれています。

そのとき敗れたのは石黒家の中でも本家筋にあたる惣領家であると考えられており、片やその分家筋にあたる系統が、小矢部川を下った中流域、現在の木舟に進出します。これは久保尚文先生の研究によりますと、南北朝以前ではないかと言われていますが、現在の木舟付近の糸岡荘というところの荘園の代官職か何かを手に入れて、ここに土着したのではないかと考えられています。

小矢部川の上流部から下流に向けて進出してきた分家筋にあたる石黒の系統が、ここ、糸岡荘で有力な国侍(「国人《こくじん》」とも言いますが)となってこの付近一帯を支配し、戦国時代には越中国内でも有数の勢力に成長していくわけです。当初、木舟城は小さな館程度のものだったのではないかと思っています。

木舟に城が造られた理由ですが、先ほどお話した糸岡荘という荘園が当時の生産地帯としてありました。これは鎌倉時代ぐらいからありますので、その中心的な拠点になるような場所だったのではないかと思っています。

ここは北陸道が通る要衝でもあり、その道筋は越中の平野の中を東西に走る道だったわけです。現在の戸出・小矢部線に近いようなルートで走っており、その途中に木舟があるということで、当時から、現在もそうですが、幹線道路に面したところであると言えるわけです。寿永2年(1183)の源平合戦のときも、木曽義仲はこの道を西に進んでいます。

もう一つは、小矢部川という大きな河川の存在です。この川の水運がありましたので、木舟から支流を通って小矢部川に出て、小矢部川から下って伏木、放生津というふうに行けたわけです。放生津は古くから日本海に面した有数の港ですので、木舟はそのまま日本海側の海運とも結びつく場所であったと言えます。これらの点から、石黒氏がここを本拠地にしたと考えられます。

3．石黒氏の盛衰

図2をご覧ください。石黒氏の系図はいくつもありますが、これはその中の一つで、南北朝時代になり越中の守護の桃井直常が幕府方と戦いをするなかで、石黒氏も実は2派に分かれて戦っています。

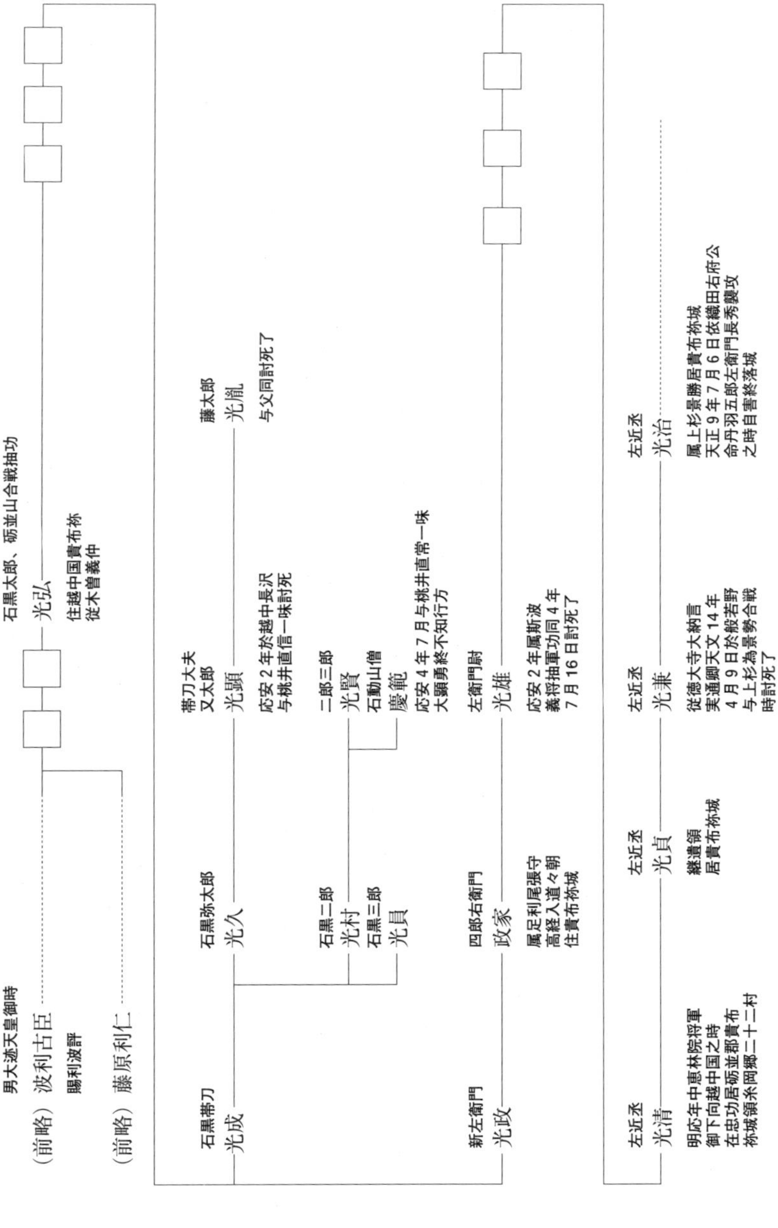

図２　越中石黒系図（石黒治男蔵　久保尚文「越中石黒氏について」より高岡作成）

つまり、光顕・光胤父子と慶範が桃井方について、光雄が守護の斯波方についているということで、幕府方と反幕府方に分かれて戦っているわけです。そして前者が滅び、幕府方についた後者の系統が存続して戦国時代を迎えるという流れになっています。

その後、戦国時代真っただ中になり、皆様ご存じの上杉謙信が越中へ来たときにはその下に属していますが、天正6年(1578)になり、上杉謙信が急死してから織田方が越中に手を伸ばしてきて、石黒氏もこれに属するかたちで織田方につくという展開になっていきます。

続いて、佐々成政が越中に入り、石黒氏も当初は成政に従っていたのですが、成政の政策は謙信時代までの政策と違っているということで、織田方から離反するような動きを見せたと考えられるわけです。それに対して信長の対応は大変過酷なもので、離反の動きをみせた旧来の国侍たちを粛清していきます。この機会に一掃してしまおうという動きになるわけです。

4．石黒氏の滅亡

図3をご覧ください。これは近江北部(滋賀県)の地図ですが、ここに「小谷」とありますのが、皆様ご存じの浅井長政の居城だったところです。浅井氏が滅びて全体が織田の領国になるのですが、長浜、佐和山、安土というところがあります。先ほどの千田さんのお話に出た安土城はここにあったわけですが、彦根城で有名な彦根が北にあります。その彦根城のすぐ向かいに佐和山という山があります。後に石田三成がお城を構えたりしています。そこからさらに北が、後で登場する長浜です。

信長は、そういったいつ離反するかわからないような国侍をこの機会に粛清してしまおうという考えで、天正9年(1581)6月に、まず一番手としては越中願海寺の城主であった寺崎民部左衛門父子を佐和山城に幽閉し、約1ヵ月後に切腹させています。

その後、木舟城主の石黒左近、それから家老や一門、一行30騎ぐらいですが、これが近江の方にまいりまして長浜まで来ました。信長のもくろみでは佐和山城で切腹させるつもりでいたらしいのですが、『信長公記』による

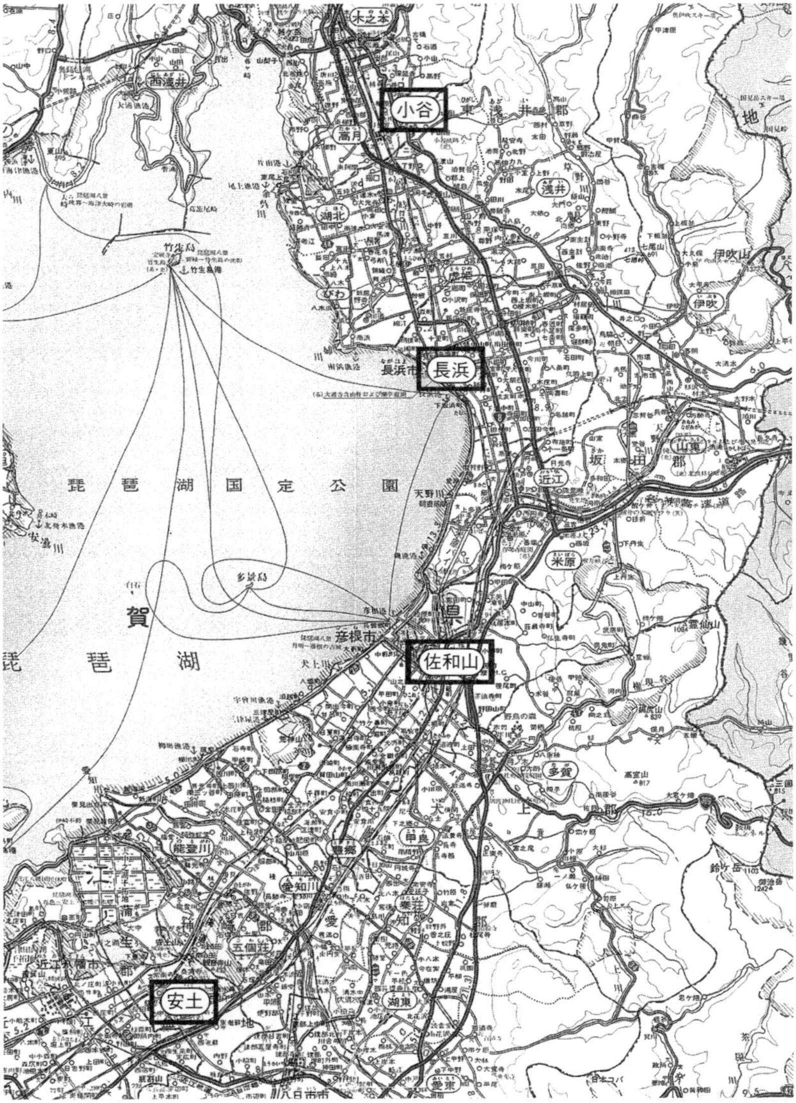
木之本
小谷
東浅井郡
高月
浅井
湖北
伊吹山
伊吹
竹生島
長浜市
長浜
琵琶湖国定公園
近江
山東
米原
多景島
彦根市
佐和山
犬上郡
多賀
能登川
愛知川
五個荘
湖東
近江八幡市
安土
愛東
琵琶湖

図3　近江北部の地図

写真１　近江長浜(現滋賀県）北国街道沿いの町並み

と、石黒一行は長浜まで来たところでただならぬ様子を察知して、それ以上進みませんでした。それでは、ということで逆に丹羽長秀の討手が長浜へ出かけて、石黒左近一行が町屋に泊まっているところに切り込んで、主だった者を討ち取ったと記録されています。

５．その後の木舟城

そういうことで大事な城主が滅んでしまいます。木舟城はその直前に上杉方に占拠され、そのあとを守っている上杉方を、今度はまた織田方が攻める戦いがあり、落城して、ようやく木舟城は織田方の支城になります。そして、先ほど話がありましたように、佐々成政の重臣である佐々平左衛門が木舟城を守るかたちになります。

その後は、天正12年(1584)になり、成政が豊臣秀吉と戦って前田利家と相まみえることになり、13年8月に降伏、というようなことは大河ドラマで皆様ご存じですが、その後すぐに3ヵ月ほどして大地震が起き、新たに城主となった前田秀継夫妻が死去します。

従来の理解では、その時点で城はもう壊れてしまって何も残っていないのではないかとみられていましたが、その大地震のすぐ翌年に、越後の上杉景勝一行が初めて直接、秀吉に面会するということで越中を通った時に宿泊しておりまして、前田利秀(秀継の子)がそれを出迎えたということが記録に載っていますので、一応の修復がなされて城下も復旧されたと思われています。

ただし、その天正14年(1586)中には、ここではもう本格的な町づくりはできないということで、お寺や町屋を含めて現在の石動に移転しています。

そして利秀は4万石を領して石動の城下町をつくりました。それが現在の小矢部市中心部になっているわけですが、そういうことからしますと、木舟は石動の原点と言ってもいいのではないかと思われます。もし地震がなかったら、先ほどの町長さんがおっしゃったように、木舟は江戸時代に砺波地方の中心都市として発展したかもしれないと考えています。

写真2　東から見た木舟城跡（昭和54年撮影）

6．文献にみる木舟城

これまでの文献史料

木舟城について申し上げますと、江戸時代の書上帳では木舟城跡について、本丸の跡、二の丸の跡、三の丸の跡というものがあって、城跡には三重の堀がめぐっていたと書かれています。そして城の北側に北陸道が通っていて、その北陸道に面した側に正面、すなわち城の大手があったと書かれています。しかしながら、現在、皆様が行かれてもおわかりのように、木舟の城跡は田んぼの中にぽつんと小高くなった所が残っているだけです。こんなものが城跡なのかと思われるかもしれませんが、後世の開墾などで長い間、城の形や大きさの正確な姿は不明だったわけです。

木舟古城図の発見

平成8年、ご当地の十村を務められた杉野家の文書の中にある「木舟古城図」というものにめぐり会いました。図4をご覧ください。古図の現物は展示していますが、小さなものです。これを初めて見たときは余りにもラフな図だったので、私も半信半疑でしたが、収められていた雑記帳の内容をいろいろ見ましたら、かなり信頼性があると思いましたので、これをもとに復原

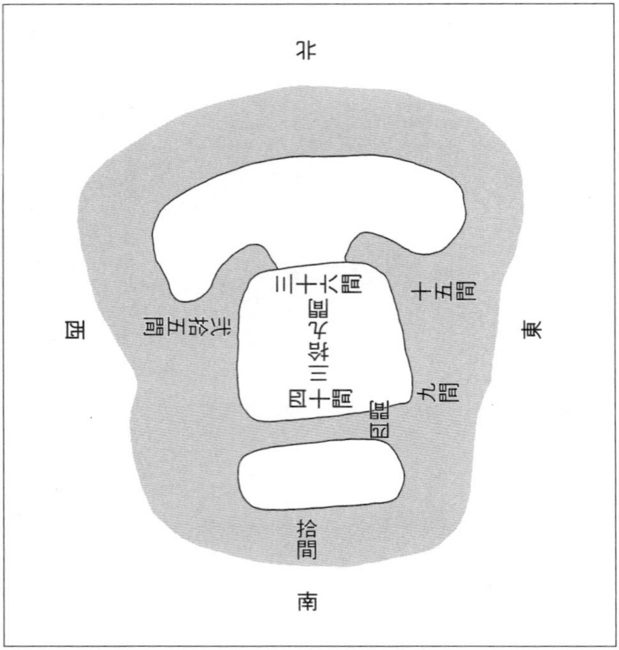

図４　木舟古城図
（以下、図７まで『木舟城跡発掘調査報告』福岡町教育委員会 2002 より）

図を作ってみようということで取りかかったわけです。

この古城図は、江戸時代前期の元禄年間に作られたのではないかといわれていますが、図では上が北で下が南にあたり、３つの郭を南北に連ねるかたちになっていて、その周りを１つの堀で囲んでいます。こういう区画の一つ一つをお城の場合は「郭《くるわ》」と呼んでいますが、そういうふうに描かれているわけです。

これから見ますと、先ほどお話しましたような江戸時代の記録にあります三重の堀というものはどこにもありません。そういうことがわかり、これをもとに復原図を作ってみました。

7．木舟城の復原

木舟城プラン復原図

図5をご覧ください。これが明治時代の地割図の上に復原してみたもので、先ほどの古図をこの上にあてはめて考えてみたものです。主郭と記した真ん中の郭を本丸と推定しています。そして上の郭を北郭、下の郭を南郭と仮に呼んでいますが、その周りをこういうふうに堀が取り囲んでいたことになります。

図の中の濃い網目で表記しているところは、明治時代に畑になっていたところです。これが現在まで引き継がれて小高く残っている部分です。ですから、この真ん中のところが本丸にあたるところであり、中心の郭ではないかと考えています。

城下町の範囲

次に城下町ですが、図6をご覧ください。以前、地元にいろいろな地名が残っていて、そういったものを地元の方に教えていただいて作ったものです。

この中で「町」の付く地名や「屋敷」の付く地名がまず目を引きますが、この辺に「要害三昧」という地名があります。「要害」というのは城郭を指します。「西堀」や「前堀」という地名もあります。

「鉄砲町」、「鍛冶屋町」、「紺屋町」という地名もありますが、職人のいたところではないかと思われるような地名もあります。「石原殿」、「古屋敷」というように、家臣が住んでいたのではないかと思われるところもあります。

発掘調査によってもう一つ大きな発見があったのは、開辟大滝遺跡です。ここで大変大きな遺跡が発見され、職人が住んでいたあとの町並みも出ているわけです。

そういったものが出現して、広さとして東西1.2㎞、南北1㎞ぐらいの広さになるのではないかと考えています。これが城下町の範囲ではないかと。

注目されるのは、実は町の中を通っているこの道路、これは旧の北陸道ですが、これが城下町の西の方でくねくねと曲がっています。これはなかなか独特のもので、もちろん周りに沼田や深田がありましたら、道が曲がることはありますが、私自身は、これは敵に攻め込まれた場合に直進を防ぐため、

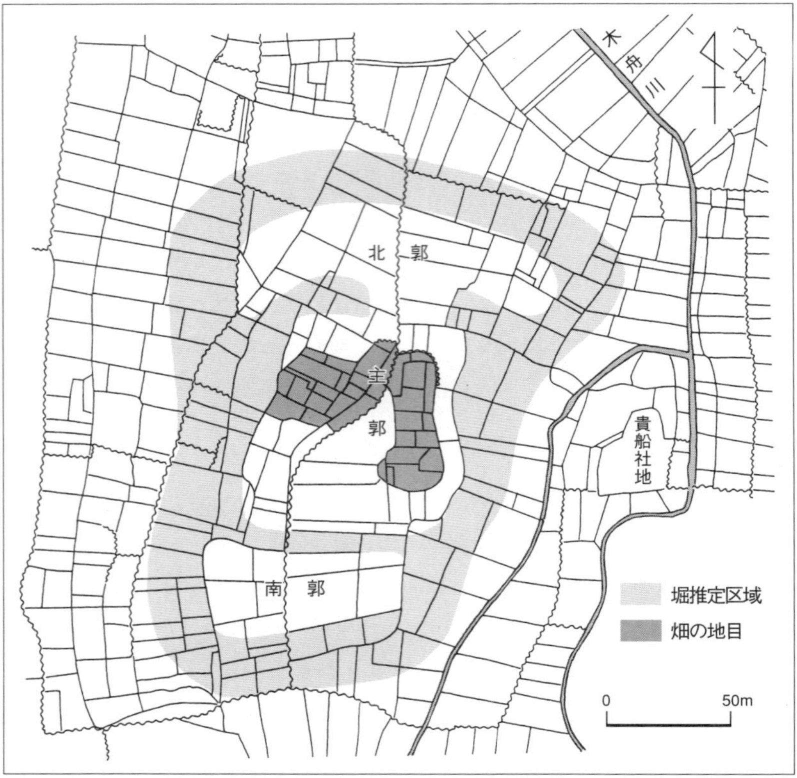

図5　木舟城プラン復原図

人工的に作った屈折ではないかと考えています。

実際に、城下町の西口付近を「小曲り」、城下町の中央付近を「大曲り」と呼んでいるそうです。「大曲り」には大きなクランクがあります。このクランクから南へ直進したところに木舟城があるということに注目していただきたいと思います。こういうふうに、街道をわざと曲げて城下に入りにくくしている。これが中世の城下町の特色を示すものではないかと考えています。

同じような例が、実はこの木舟だけでなく、他にもあるのです。

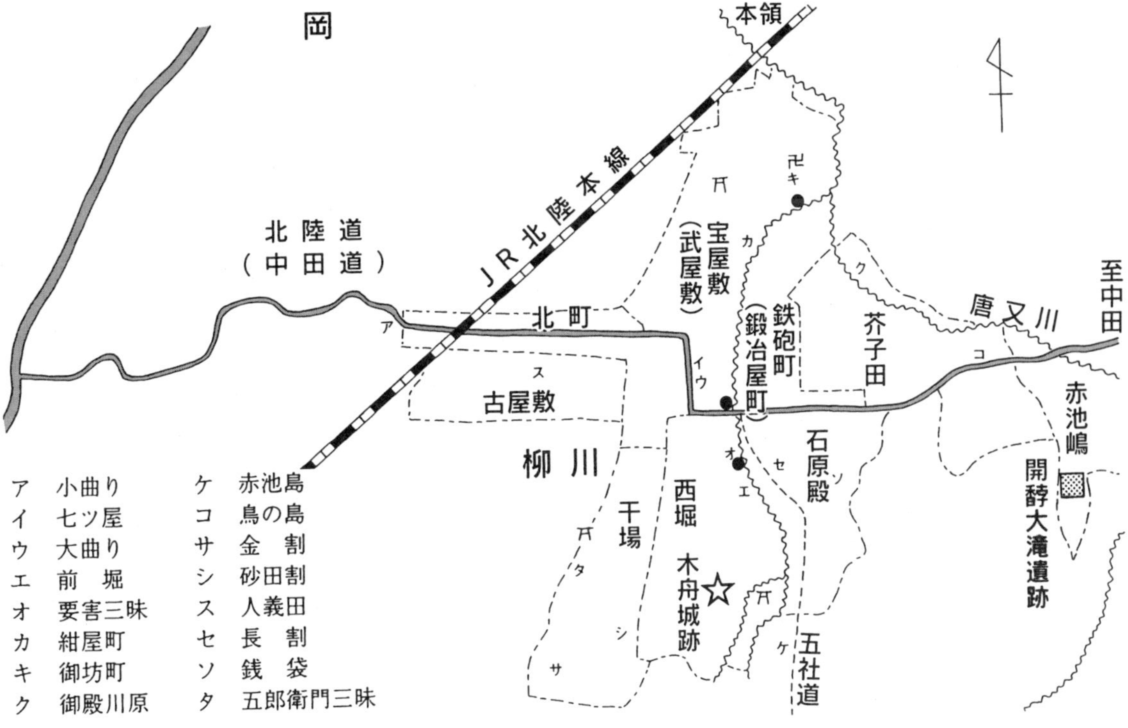

ア	小曲り	ケ	赤池島
イ	七ツ屋	コ	鳥の島
ウ	大曲り	サ	金　割
エ	前　堀	シ	砂田割
オ	要害三昧	ス	人義田
カ	紺屋町	セ	長　割
キ	御坊町	ソ	銭　袋
ク	御殿川原	タ	五郎衛門三昧

図6　木舟周辺の小字・呼称等分布図（●は舟着場跡を示す）

8．県内の類例 －願海寺城跡－

図7をご覧ください。これは私がかつて調べました富山市の願海寺(位置は図1参照)というところです。図の北側に昔の8号線があります。その南側に「館本」と書いてあるところが願海寺城跡です。この城主が先ほどご説明した寺崎民部左衛門です。ご当地の石黒氏と一緒に近江で切腹させられた国侍のいたところにあたります。

この城下復原図を見ていただくと、願海寺の城下は木舟に比べかなり規模は小さいものの、基本的な景観が実によく似ていることに気づきます。まず、城下の中心となる願海寺城跡は小字「館本」にあたります。この中には「ホリノウチ(堀の内)」という呼称も残りますが、「館」や「堀の内」は中世城館にちなむ地名として典型的なものです。次に「前田」は城跡の東側に隣接する小字ですが、これは城主の直営田にちなむ地名とも考えられます。

また、家臣団にちなむ地名として「蔵地」や「ダイカク」、「チゴデラ」があります。これは寺崎氏の家老と伝える蔵地氏や草野大学、家臣の児寺氏にちなむものであり、これら家臣達の屋敷や所領跡と推測されます。他に「ゲロウ(下郎か)」という地名も残ります。城跡の東方には「ナカマチ」、「アラマチ」のように「マチ(町)」と称する地名も残り、町屋が存在した可能性があります。なお「館本」の東には「オモテ(表)」という屋号の家が1軒あります。これは、城または城下の正面がこの方角(東)に向けられていたことを示すのかもしれません。

城は西方を流れる鍛冶川や、南方から東南にかけての湿地帯(「深田」・「ドブケ」)によって守られています。これは木舟の場合の木舟川や周辺に存在した深田・沼に相当します。もちろん、鍛冶川についても舟運の便が考えられます。注目されるのは、城下の南を通る街道です。この道筋は城下付近で著しい屈折を繰り返し、「願海寺の七曲り」と呼ばれていました。こうした屈折は防御のための人工的なものとみられ、木舟の場合の城下西方の屈折や城の大手口付近での「大曲り」に酷似するものです。

明治期に書かれた『越中遊覧志』(竹中邦香著)には、「世に伝ふ、これ佐々

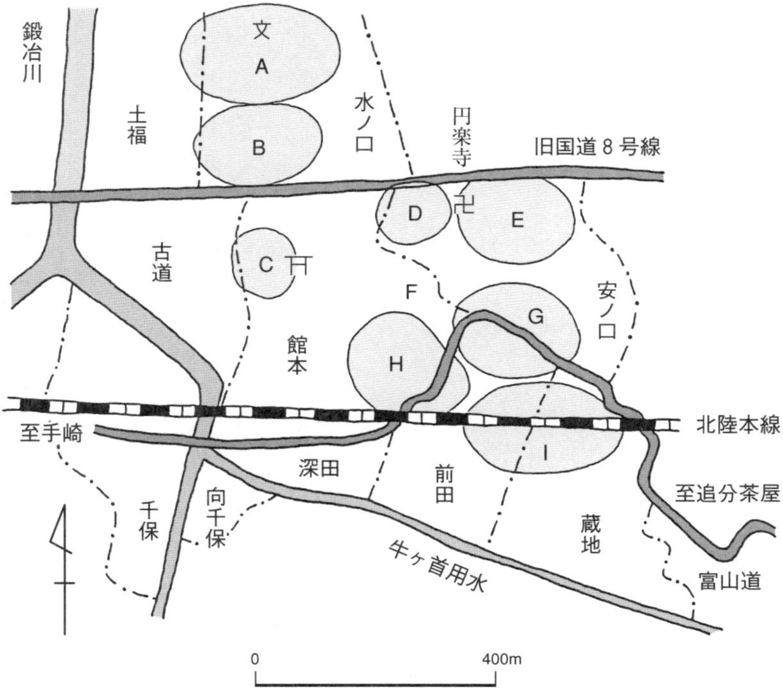

A　ゲロウ
B　チゴデラ
C　ホリノウチ　｝呼称
D　ナカマチ
E　アラマチ

F　オモテ　-------　屋号

G　コオリマチ
H　ダイカク　｝呼称
I　ドブケ

図7　願海寺の小字・呼称分布図

成政がつくらしめし道にして、このあたり左右深田にして本道の外往還する能ハざるゆゑに、故さらに迂回せしめて、向ふの安養坊の山上より敵の備のやうを見はたさんする為になしゝものなりといふ」という興味深い記述があります。成政が作ったとする伝承は別として、この屈折が軍勢の急進撃を阻むためのものであることは十分推測でき、道路外に広がる沼田とあわせ、防御上の効果を発揮したことは間違いありません。木舟城下付近の街道の屈折が、この願海寺の場合と同じ目的で作られていることは、以上の点からも明らかと思われます。

なお、寺崎氏の居城であった願海寺城の規模や構造については江戸期の『越登賀三州志』や書上帳などにも記載がなく、詳細は不明です。ただし、天正９年５月、願海寺城の異変を報じた上杉部将田中尚賢らの連署状によれば、「実城」(本丸に相当)と「二之廻輪」(二の丸に相当)の存在が知られ、少なくとも２郭以上の郭からなる複郭式の平城であったことがわかっています。

ともかく、同じ天正９年に落城し、城主がいずれも劇的な最期をとげる木舟と願海寺の城下(町)が平野部の中にありまして、木舟は確かに大きな城下町で、願海寺は小さいのですが、大変よく似た形を示していることがわかってきたわけです。こういうことをとおして、戦国時代に越中の平野部にあった当時の国侍の城下町の実態が明らかになってきたのではないかと思っています。

９．おわりに

木舟城の一つのセールスポイント、特徴は、富山県内にはいろいろな城がありますが、上杉謙信、佐々成政、豊臣秀吉、上杉景勝、おそらく前田利家も、そういった東西の名立たる歴史上の武将たちがこれほど立ち寄ったり、関わった城は富山県内ではまれであるということです。

もう一つは、天正13年(1585)の歴史的な大地震にも遭遇した城であるということ。こういった点は特に明記されていいのではないかと考えています。

年　　代	で　き　ご　と
南北朝期 （1336～92）以前	石黒氏の庶流が木舟に進出し、拠点を築く。
応安2年(1369) ～4年	桃井直常が幕府方と戦い、石黒氏の内部も二派に分かれて戦う。
同　4年　　7月	五位荘の戦い。桃井方が敗れる。
天正5年(1577)12月	上杉謙信が記した管下将士名簿に「石黒左近蔵人」の名が見える。
同　6年(1578) 3月	上杉謙信の急死。まもなく、織田方が越中へ進出し、石黒左近も織田方に走る。
同　9年(1581) 4月	石黒左近、上杉方の勝興寺を焼く。
同　年　　7月	石黒左近と主だった家臣が近江長浜で織田方に討たれる。 同月、木舟城に籠城していた上杉部将吉江宗信が城を脱出し、越後へ逃れる。 以後、木舟城は織田方の手に落ち、佐々平左衛門が配置される。
同　10年(1582) 2月	織田方が木舟城から出城を南砺地域に向けて築き、上杉方がその内の1～2ヵ所を攻め破る。
同　12年(1584) 8月	佐々成政、前田利家と加越国境で戦端を開く。
同　13年(1585) 8月	佐々成政、秀吉に降伏。砺波郡など3郡は前田利長に与えられる。 前田秀継が今石動城から木舟城に入城する。
同　年　　11月	大地震により木舟城と城下町が壊滅的被害を受け、城主秀継夫妻が圧死する。
同　14年(1586) 5月	上杉景勝一行が越後から上洛のため、木舟を通る。秀継の子、前田利秀ら在城衆が一行を出迎え、景勝は木舟に宿泊する。 復路(7月2日)も宿泊。 同年中に利秀は今石動に居城を移転する。

表1　木舟城関係年表

木舟城のすがた

富山県福岡町教育委員会　栗山　雅夫

1．はじめに

「いったい、木舟城とはどんな姿をしたお城だったのか？」

私は「木舟城のすがた」と題しまして、古くから種々の推定復原図の作成が試みられ、討議の的ともなっております、この疑問に対して考古学的な成果に基づいてお話させていただきます。と申しましても、発掘調査の成果を口頭だけで説明する力を持ち合わせておりませんので、スライドを駆使しながら順を追ってご紹介する形をとらせていただきます。

主に文献に基づいた木舟城の歴史的背景につきましては、第Ⅰ部でご覧いただきました概説「木舟城の時代」と先ほどの高岡さんのお話によって、かなりご理解いただけたのではないかと思います。また、第Ⅱ部の千田先生の基調講演「戦国の城を読む」によって、全国的な視野から見た戦国時代の城を取り巻く歴史的環境につきましても、理解が進んだのではないかと思います。私の報告はそうした理解に立った上で、個別事例として木舟城の城本体のお話をしてまいります。

2．現在の姿

まず、現在の木舟城周辺の立地環境をご覧いただきたいと思います。写真1は地上から見たものです。東からご覧いただいているかたちになります。松が何本か植えられており一見視覚的な高さを保っていますが、遺構といいますか地表面に目を転じますと、平べったいお城という印象を持たれるかと思います。写真2は、同じく東から撮影したもので空中から見た木舟城の姿です。一番手前に写っているのが貴布祢神社(①)です。その西側(写真では上側)が木舟城跡公園として史跡となっている部分(②)です。中央部の鉤の手状にくびれているところに目を引かれるかと思います。昭和40年代に行われたほ場整備以前、ここには道路が通っており、木舟城は2つの島に分断されておりました。今、この城のことを「島」と表現しましたが、後ほど説明する発掘調査で木舟城はまさに「島」のようなお城であったことがわかります。また、写真2後方の山並みのうち向かって左手の方には木舟城最後の城主前田利秀が引っ越していった今石動城(③)が見えます。点々と白い建物らしきものが見える右手の山は稲葉山牧場(④)です。縄文時代の遺跡として全国的に有名な小矢部市桜町遺跡の場所は、この2つの山の谷間にあたります。

写真1　木舟城の現況(東から)

写真2　空中写真(東から)

こうして見ると、この城がいかに平たんで「平城」という名にふさわしい場所に築城されているかおわかりいただけると思います。もちろん、ほ場整備が完了していますので、平らな場所になっているのは当然かもしれませんが、周囲を見渡しても起伏がほとんど無く、「ああ…平野に築かれたお城だな」という感想を持っていただけるかと思います。それにしても、現在に残された木舟城の姿はあまりにも平らなお城すぎるように感じられると思います。通常の中世城館につきものの堀や土塁もみられませんし、大体にして郭の形が不自然な上、その配置(残っている部分が主郭なのか違うのかでさえ)も明らかではありません。

3．木舟城をめぐる開発行為の功罪

県内の多くの城館と同じく、木舟城もまた昭和40年代に進められたほ場整備事業によって旧状は失われてしまいました。当時は遺跡保護(特に中世遺跡)に対する認識は決して高いとはいえず、全く調査が行われないまま多くの遺構・遺物が消滅しました。現在木舟団地として多くの住宅地が建ち並ぶ場所もまた、他と同様に調査無きまま姿を消しました。これらの遺跡では、工事中に「ゴロゴロ」と土器が出土したことが地元に語り継がれています。それらの土器は既に散逸しているそうで、今にして思えば大変惜しまれますが、そういう時代だったということであきらめるしかないようです。

昭和62年(1987)、高規格幹線道路網の一環として能越自動車道の工事計画路線が策定されました(図１)。能越道はその名のとおり、越中と能登を結ぶもので、北陸自動車道小矢部砺波ジャンクションを起点として福岡町を通過し、石川県輪島市まで計画されている道路です。福岡町域での埋蔵文化財の調査と道路建設工事は終了し、現在(平成15年9月)は高岡市域での工事と氷見市域での発掘調査が急ピッチで進められています。

木舟城に対する関心の高まりを語る上で、能越道の建設に伴う埋蔵文化財の調査を抜きにすることはできません。開発と遺跡保護は敵対関係という図式で描かれることが度々ありますが、こと木舟城に関して言えば、開発に伴う発掘調査のおかげで遺跡の評価が急上昇しており、開発側に対して少なからず恩を感じている面もあります。もちろん、遺跡保護という面で考えると損失ですが、その保護意識の素といいますか「すごい遺跡があるぞ」「町おこしの種になるのではないか」ということを住民の方々に認識していただく機会を生み出したという側面においてはインパクトがあったといえます。

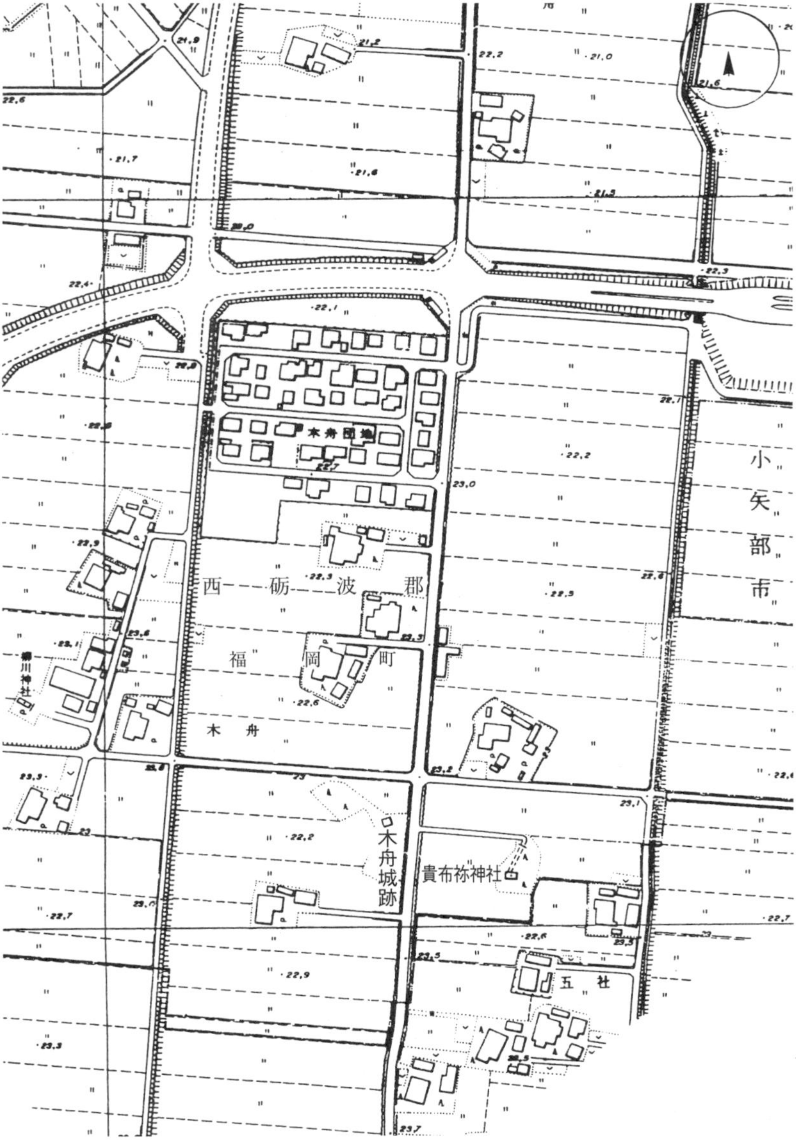

図１　木舟城跡周辺地図〔1／5,000〕
（以下、図13まで『木舟城跡発掘調査報告』福岡町教育委員会 2002 より）

4．調査検討委員会発足

これまで申し上げた事情は、「木舟城跡調査検討委員会」の発足に至るまでの流れに凝縮されておりまして、事業計画が策定される以前は、先ほど写真でご覧いただいた史跡指定地だけが、木舟城に関わる周知の埋蔵文化財包蔵地でした。これが、平成３年(1991)に始まる能越道関連の分布調査と試掘調査、そして本調査が実施されることによって、それまで小字でしか存在が推測されていなかった木舟城下町が本当にあったことが証明されたのです。私の次に、木舟城下町の発掘調査を担当された富山県文化振興財団の酒井さんに調査成果をご報告いただくことになっておりますので、詳細は差し控えますが、16世紀代を中心に広範囲に広がる木舟城下町の一部が姿を現したのです。

こうした幹線道路の整備は、周辺地域での開発行為の呼び水となるものですが、木舟周辺でもこの例に洩れず、県道・町道などの道路整備が次々と始まりました。その中の一つには、木舟城内と想定される場所での町道改良工事があり、その調査を実施した平成８年に町で最初の専門職員として私が採用されたわけです。

この採用には別の重大な目的もあったようでして、それはこれまで申しました木舟城に対する関心の高まりに対応し、増え始めた開発行為から遺跡を守るため、木舟城本体の調査研究を進め史跡整備を目指すというものでした。大学を出て右も左も、考古学のことも身についていない自分にとってはとてつもなく大きなハードルと責任感を迫るものでした。でもそれは、今からみるとそう思うのであって、当時の私はその責務の大きさを認識する力すらなかった気がします。ともかく、木舟城の調査を進める上で助言者を集めなければ前に進まないということで、「木舟城跡調査検討委員会」を立ち上げました。目的は、城の範囲と遺存状況を確認し、その成果次第では環境整備も視野に入れたものでした(写真３)。

委員会を中心に進めた木舟城に対する調査研究成果は、既にまとめて刊行しています(『木舟城跡発掘調査報告』福岡町教育委員会 2002)ので詳しい事はそちらをご覧いただければと思います。この委員会は平成８年から平成13年まで都合６年間にわたって活動しまして、その間に８回の会合と６回の現地調査を実施しました。現地調査は予備調査的な意味を含めて、２回の電気・レーダー探査（図２）と

写真３　木舟城跡調査検討委員会風景

１回の簡易ボーリング調査（図３）を行いまして、最終確認という位置付けで３回の発掘調査（図４）を実施しました。

５．調査開始

文献調査

調査はまず文献の整理から行いました。これまでに残された文献資料を整理していきますと、２つの資料にさかのぼっていくことが明らかになりました。１つは「宝暦14年（1764）砺波郡古城跡山塚寺社古跡等書上申帳」という記録、もう１つは寛政13年（1801）に成立した『越登賀三州志古墟考』（富田景周著）です。詳しくは高岡さんが報告の中で触れられましたが、本丸・二ノ丸・三ノ丸と堀の規模を記したものが書上帳で、「本丸跡と呼ぶ処僅かに方二十四・五間、平岡如。四辺深沼、要害の地也。古城中明神社あり。旧註……」に続いて書上帳の規模を記しています。

確認できる限り、以降の記録はこの２つを基にしたものばかりでしたので、18世紀末には現況（特にほ場整備前）とそう大差のない遺存状況であったことがわかりました。また、３つの郭についても規模や位置は不明でして、「書上帳」と「三州志」の年代差を考慮すると、重機が存在しない当時、40年もたたないうちに、３郭のうち２郭が姿を消すという急激な土地の改変が行わ

図２　電気・レーダー探査位置図〔1／2,500〕

れたとも考えにくく、３つの郭で構成される城の姿がどこに由来しているのか興味を引かれました。

新史料の確認

文献資料を整理収集していくうちに、思わぬ発見に遭遇しました。それは、福岡町指定文化財でもある『杉野家文書』という文書群の中の雑記帳、「村々定作食米小物成等雑記帳」という名で整理されているものですが、その中に「木舟古城図」と記した小さな絵図が綴じられていたのです。写真４で紹介

図３　簡易ボーリング調査対象地〔1／5,000〕

していますが、大きさは10㎝×20㎝ほどの長方形で、堀は水色で彩色し主郭相当部分は朱書で数字（大きさを示す）が記されています。実物は、町の歴史民俗資料館に保存されています。文書目録(『大滝村　十村　杉野家文書目録』福岡町歴史民俗資料館 2000)の整理にあたった資料館の見解では、元禄９年(1696)～元禄12年(1699)の間に記された可能性を持つとされており、その当否はともかく近世段階までさかのぼり、それも地元の者が記し、さらに

図4　発掘調査位置図〔1／2,500〕

「書上帳」記載のとおり3つの郭で構成される絵図が確認されたことは、調査を進める上で大きな推進力となるものでした。

ちなみに、文書を保存していた杉野家というのは、加賀藩の十村役(庄屋)を務め、旧大滝村(現在の福岡町大滝・木舟・開辟・荒屋敷・本領を含む)を含め近郷71ヵ村もの村を預かることもあった家です。どういう経緯があったのかわかりませんが、ともかく代々の当主のうちの誰かが木舟城の姿を絵図に記録しようと思い立ち、そして現在まで保存されたおかげで私達はその成果

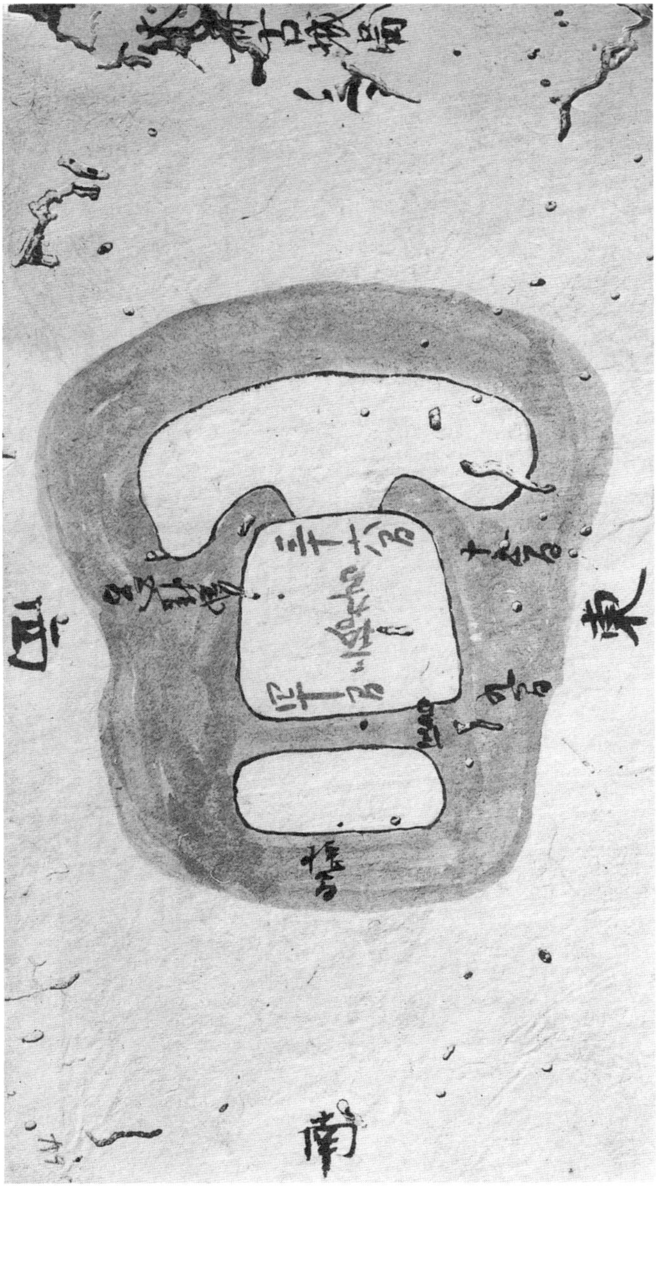

写真４　木舟古城図(福岡町歴史民俗資料館蔵『杉野家文書』より)

写真5　地中レーダー・電気探査風景1．2

を参考にすることができたわけで、この絵図の作成から保存に関わったすべての人びとにお礼を申し上げたいところです。

先ほどお話頂いた高岡さんが作成された復原案の検討時も参考になったとおっしゃられましたが、私の現地調査についても大いに参考になり、特に東西を堀で挟まれる様子は、城の範囲を確定させる上でも決断の後押しの一つとなりました。

ハイテク調査

文献の整理に始まる木舟城の調査は、調査対象範囲の大部分が耕作地という性格から、「可能な限り掘らない＝発掘調査は遺構確定の手段として用いる」という命題をかかえていました。この命題をクリアするために採用したのが、地中レーダー探査と電気探査でした。ともに、掘らずに地下の遺構の状態を調べるもので、魚群探知機のようなものをイメージしてもらえればわかりやすいかもしれません。推定復原図をもとに、郭と堀があると考えられる部分を横断するように調査ラインを設定し、探査の結果、その境界があると考えられる部分にトレンチを設定して発掘し、堀と郭の線引きを確定させる。これを繰り返すことで、最終的に郭配置や城の範囲の精度を向上させる。そういう手法をとりました。

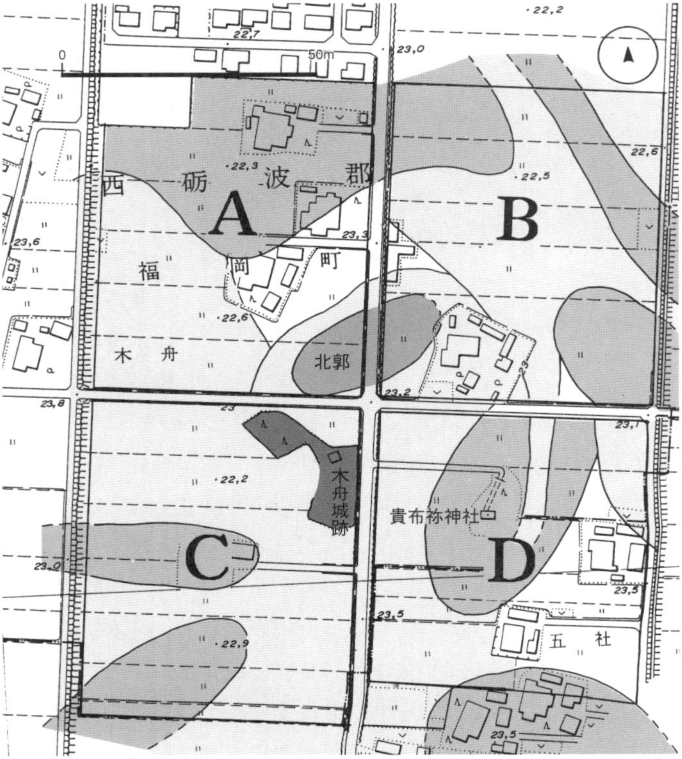

図５　簡易ボーリング調査成果(網目部が礫層隆起部)

探査は私の母校でもある天理大学の考古学研究室に依頼し、山本忠尚教授のもと多くの学生に参加してもらって２度実施しました(写真５)。しかし木舟城は、地下水位が極めて高く地表面でさえも湿地状となっている悪条件でしたので、明瞭な遺構を検出することは難しいものとなりました。

探査に続いて実施した発掘調査では、木舟城域と想定される部分の北と東の大部分はほ場整備によって中世面が削りとられており、残っている遺構を探すこと自体が難しく、さらに中世面の下には古代面があり遺構の時期差を考慮する必要があることがわかりました。

このため簡易ボーリング調査(ピンポールを突き刺し、砂礫層の有無を確認する。

写真6　土層崩壊の悪夢

3,391点実施）と名付けたアナログ的な調査を行うことで、土層の堆積に対する目安をつけ、発掘を主体とする調査方針に切り替えました（図5）。

発掘調査

木舟城に関係する発掘調査は、昭和56年（1981）指定地内の公衆トイレの設置に伴う小規模なものを除けば、平成8年の町道改良工事に伴うものと範囲確認に伴うトレンチ調査が行われています。それらは平成8年以降私が担当していますが、沖積地で扇状地の扇端部という地形は湧水が激しく、表土を除去するだけで水が湧きますし、場合によっては表土の上まで水が湧いているところもあるほどです。24時間排水し続けながらの調査となるのですが、まとまった雨が降ると、排水能力を超えて調査区が水びたしになってしまいます。さらに、調査区の断面は、下層に堆積した砂層からの湧水を排水するうちに砂自体も吸い上げられ、砂層が痩せ細って上層もろとも断面が崩壊するという、調査担当者にとっては悪夢としかいいようのない出来事も起こります（写真6）。こうした劣悪な調査環境のためか、それとも担当者の能力のなさか、城周囲の基本層序を確定させるだけでも3年かかりました。

町道改良工事に伴う石名田木舟遺跡発掘調査

さて、発掘調査ですが町道改良に伴う調査では、城の北側で写真7のような堀と土塁の痕跡が確認されました。堀の幅は表土直下からの深さが最大で80cm、幅13mで東西に巡るものでした。しかし、遺構検出面はほ場整備によって削られており、当時存在したであろう堀の大きさはもっと深くて幅が広いものであることが想像されました。また、土塁については、堀の南端部（郭側）では写真7のように堀の中へとズリ落ちて検出されました。土塁は粘質土とシルトによって互い違いになっていまして、版築状態でした。その滑り落ちている様子から、天正大地震によって一気に崩れたものと考えていますが、この土塁が確認できたのは現道の断面部分だけでして、それ以外の部分は残っていませんでした。できることなら現道を掘り起こしてでもその続きや平面的な形状を確認したかったのですが、すでに舗装されて道路となっている現況では、それは無理なことです。この調査では、土器・陶磁器類の他にも写真8のように漆器などの木製品がたくさん出土しまして、この点についてのみ、私は地下水位の高さに感謝しました。泥の中から赤色漆器が出土する様子を実際に目にすると、その美しさに心を打たれました。

写真7　堀と土塁の断面 1．2

その調査報告書は1997年に出ています（『石名田木舟遺跡発掘調査報告書－県指定史跡木舟城跡隣接地－』福岡町教育委員会）。この調査では、中世土師器を主体に瀬戸美濃の天目茶碗も多く出土しており、調査対象地が木舟城内である可能性が高いという結論を得ることができました。

木舟城跡範囲確認発掘調査

範囲確認目的の発掘調査は、平成９～11年度の３年度にわたり３度実施し

写真8　出土遺物(木製品類)

たわけですが、それぞれの調査は細長いトレンチによるものでした。初年度は旧地形が南北に高く、東西では深く落ち込んでいるということと、土層堆積状況のデータを得ました。そして、城北側の大部分、つまり旧地形では遺跡が乗っかるはずの微高地の大部分がほ場整備の影響を受けて消滅しているということがわかりました。

続く10年度の第2次調査では、城の西限を示す可能性を持つ溝を確認しました。またこの調査結果を踏まえて、大きな範囲での統一した基本層序の目安をつくることができました(図6)。

平成11年度の第3次調査では、前年度の城西限とつながるラインを確認し、城の南限を示す溝も確認しました。また、主郭と考えられる史跡指定地とその北にある北郭との間には堀が存在した可能性を示す成果を得ました。この部分では、放射性炭素年代測定によって17世紀中頃と確認された柱根を伴った掘立柱建物跡を検出しました(写真9)。規模は2間×2間+αで、柱根には約20㎝のものと約10㎝のものがみられました。それぞれの柱根の間は横壁

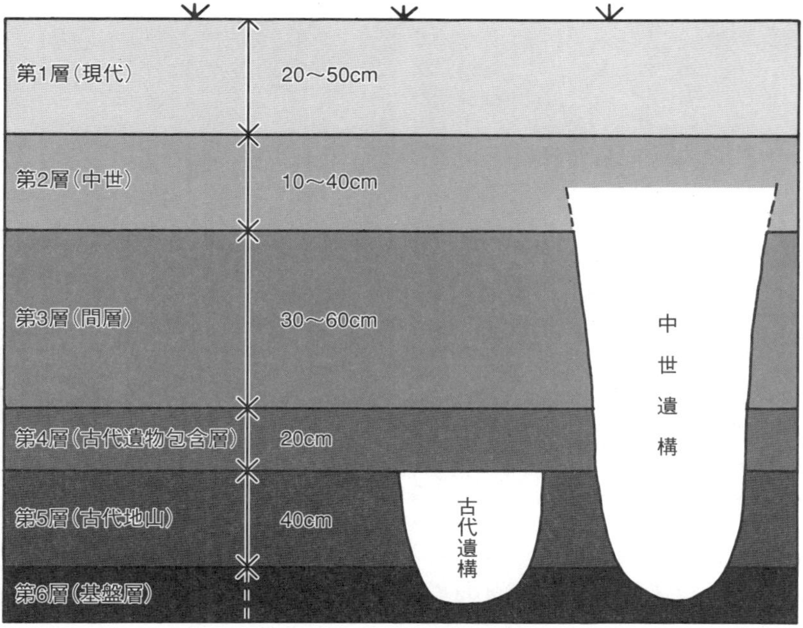

図６　基本層序模式図

というべきか、板材を地面に突き立てていました。この建物内部の覆土には柿葺屋根と考えられる薄い板片がたくさん出土しました。

建物の下層からは16世紀代の土器が出土していまして、放射性炭素年代測定値と遺物出土状況から木舟廃城後の建物であると考えられます。その目的については、番所的なものなのか前田秀継の慰霊碑を祀ったのか等、いろいろと想いがよぎるのですが、残念ながら確たる証拠がありません。今後の調査課題といえます。

また、史跡指定地の南東で地震による液状化現象による地滑りの痕跡を検出しました(写真10、11)。富山県における大地震は、木舟城に大損害を与えた天正大地震のほかに、安政５年(1858)の飛越地震がありまして、中世面でさえも削り取られている遺存状況では、その２つの地震のどちらによるものか特定させることは難しい問題でして、この地滑り痕跡についても明確には

写真９　◀掘立柱建物
▲点線が検出された掘立柱建物跡

わかりません。担当者としての希望をいえば、天正大地震であるとうれしいのですが。もちろん、地滑りのほかにも地震による噴砂も検出されており、詳しくは現地指導も頂いた寒川先生に後ほどご説明いただけることになっておりますのでお楽しみに。

６．調査の成果

立地の弱点に勝る理由

それにしても、地震の痕跡を多くとどめているということは、それだけ地震の被害を受けやすい、脆弱な立地環境に城が造られていることを意味しています。城がどんな地盤の上に建てられているのかという疑問に対して、発掘調査は土の堆積を読み取る調査でもあるわけですから、こうしたデータを収集する機会にもなりました。基本層序では、基盤となる砂礫層の上に堆積した砂層を地山にしていることが明らかになりました。その上に厚さの違いこそありますがシルトや粘質土が堆積しており、そこを整地して城を築いていることがわかりました。そして、地山部分は非常に激しい湧水を伴いました。「液状化現象のメッカだ！」というのが発掘調査の際に私が実感したことです。

城近辺が湧水の豊富な砂層と砂礫を基盤にもつことは、当時の人びとも知っていたと思いますし、地震の存在も理解していたはずです。それでも、歴代の城主がこの地に城を構え、12世紀末～16世紀末まで使われていた理由はどういうことなのでしょう。

写真10　地滑り痕跡

城をどこに造るかという選地の理由として、よく紹介されるのは「交通の要衝」という表現です。この点に関して木舟城はマクロレベルでは、越中国の北西の玄関口である倶利伽羅峠を見据える場所にあって、「勅使道路」と呼ばれた旧北陸道にも接した場所に立地しています。また、ミクロレベルでは、城の東を流れていた前川(木舟川)は小矢部川へと流れ込み、そのまま日本海へと通じていました。木舟城は水陸交通が共に機能する、まさに交通の要衝という評価が当てはまるといえます。また、この交通網を生かした城下町の経済的発展もその理由として考えられるでしょう。発掘調査成果を考えると城下町遺跡が展開し始めるのは15世紀後半からで、本格的に発展するのは16世紀中頃からとされています。しかし、文献から想定される石黒氏の本格的な木舟進出は南北朝期以前とされ、さらに伝承される築城年は寿永3年(1184)です。このように年代にズレがみられる点は今後の研究課題ですが、少なくとも城下町に先行して館が築かれていた可能性が浮上します。おそらく「方形館」であると思われますが、この館が拡張・発展していったのが戦国末、3郭の木舟城なのだろうと考えています。

戦国期の武士が、鎌倉時代の武家社会や文化に憧れを抱くことはしばしば指摘されます。木舟城の築城伝承も、ちょうどこの鎌倉時代直前の武士が活躍し始める時期にあたります。案外、こうした「由緒」的なものを大切にす

写真11　木舟城跡を望む地滑り跡

るあたりに、立地の弱点を克服する鍵があったのではないだろうかとも考えています。

出土遺物

出土遺物の中で主体を占める中世土師器は、城館遺跡に特徴的な遺物とされているのですが、木舟城に関係する発掘調査による出土遺物の組成を作ってみますと（図７）、７割弱がこの土器によって占められていることがわかります。中世土師器は通常口径8cmから大きくても15cm程度の大きさなのですが、木舟城では直径22cmとかなりの大型品が出土しています。県内での20cm以上を超える大型中世土師器は、婦中町にある安田城や上市町の弓庄城といったお城の遺跡でのみ確認されています。

さらに、瀬戸美濃の中でも天目茶碗が多くを占める点や輸入陶磁器の存在など、城館遺跡の要素が詰め込まれた遺物内容といえます。加えて、甕・壺・擂鉢が珠洲焼でなく越前焼が多い点などは、16世紀代にもっとも繁栄する木舟城の時代性を体現しているものといえるでしょう。

木舟城下町とも共通するのですが、土器・陶磁器・木製品・金属製品・石製品といった多種のバラエティーに富んだ遺物の存在は、周辺地域経済の中心地として機能していた木舟の栄華を偲ぶものといえるでしょう（写真12、図８、図９）。

木舟城推定図作成

ここまでお話した様々な調査成果をもとに作り上げた木舟城の推定図が図10〜13です。この図をご覧頂く上での注意事項と作成方針をいくつかご説明しておきたいと思います。

郭や堀のラインを引く上でその根拠として最優先したものは、発掘調査によって確認できたラインです。もっとも、実際に発掘で確認できた場所は、線というより点に近いものですので、その点と点の間を補う根拠をどこに求めるか頭を悩ませました。幸いというべきか、文献調査や探査など発掘調査だけに頼らない協業的な調査方法で挑んでいましたので、推定図作成に足るデータをいくつか揃えることができました。発掘の及んでいない部分については、地割から想定されたこれまでの複数の復原案から発掘と探査の推定ラインに近いものを採用しました。この地割の援用を受けても補うことができない郭のラインは破線で表記しています。こうして組み上げた推定図を、４種類の図面に落としました。

写真12　出土遺物集合写真

それぞれの図に一長一短があります。

明治のものは細かい地割を多く残す意味で地割復原の根拠となるものです。しかし、精度の高い縮尺を持ち合わせていません。大正のものは、明治のものに近い地割を持ちながら、比較的精度の高い等高線と縮尺を持ち、河川や道路、宅地が彩色されています。しかし、微妙なところで明治のものとは線がズレてしまいます。昭和のものは高い精度の縮尺を持っており、地元の方

	土師器	越　前	瀬戸美濃	中国製陶磁器	珠　洲
平８本調査分	98	27	12	8	4
	65.8 %	18.1%	8.0%	5.4%	2.7%
範囲確認調査分	61	14	5	3	0
	73.5%	16.9%	6.0%	3.6%	0.0%
合　算	159	41	17	11	4
	68.5%	17.7%	7.3%	4.8%	1.7%

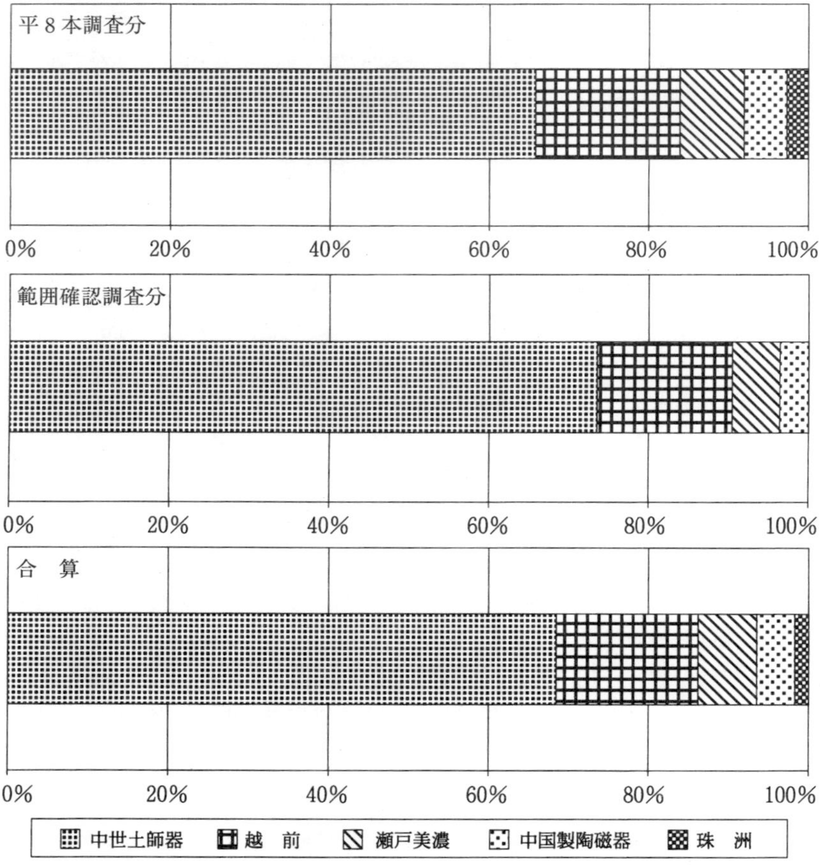

図７　出土遺物組成図（土器・陶磁器）

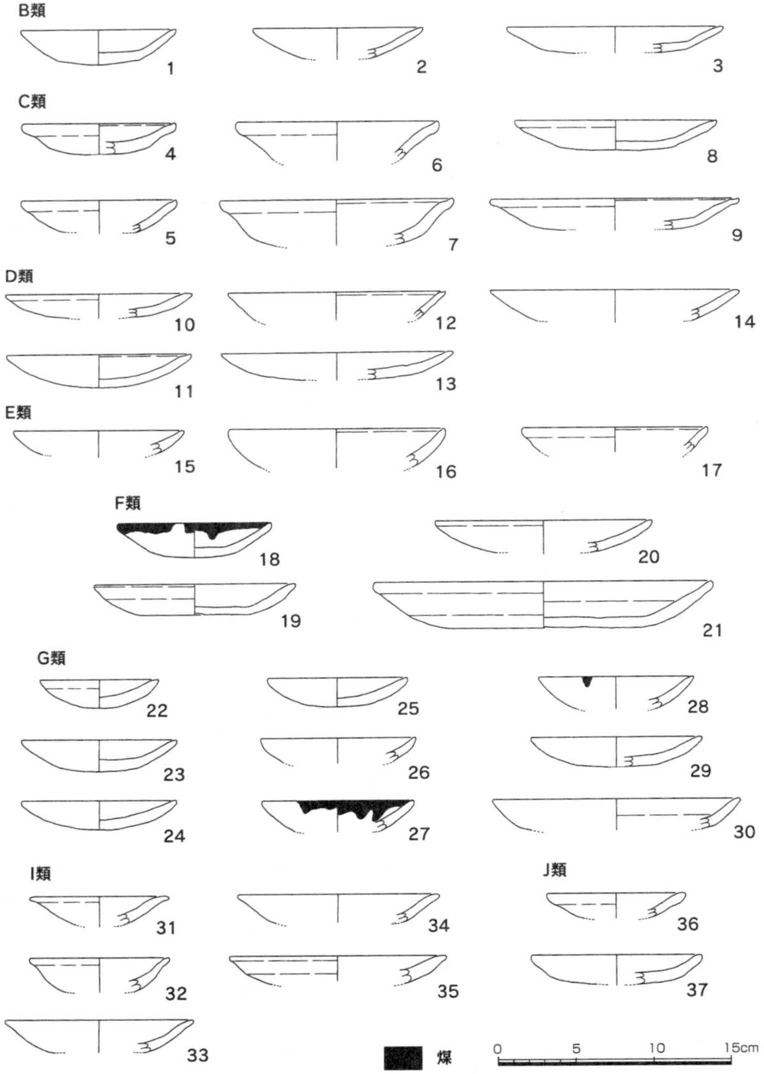

図８　出土遺物実測図（中世土師器）

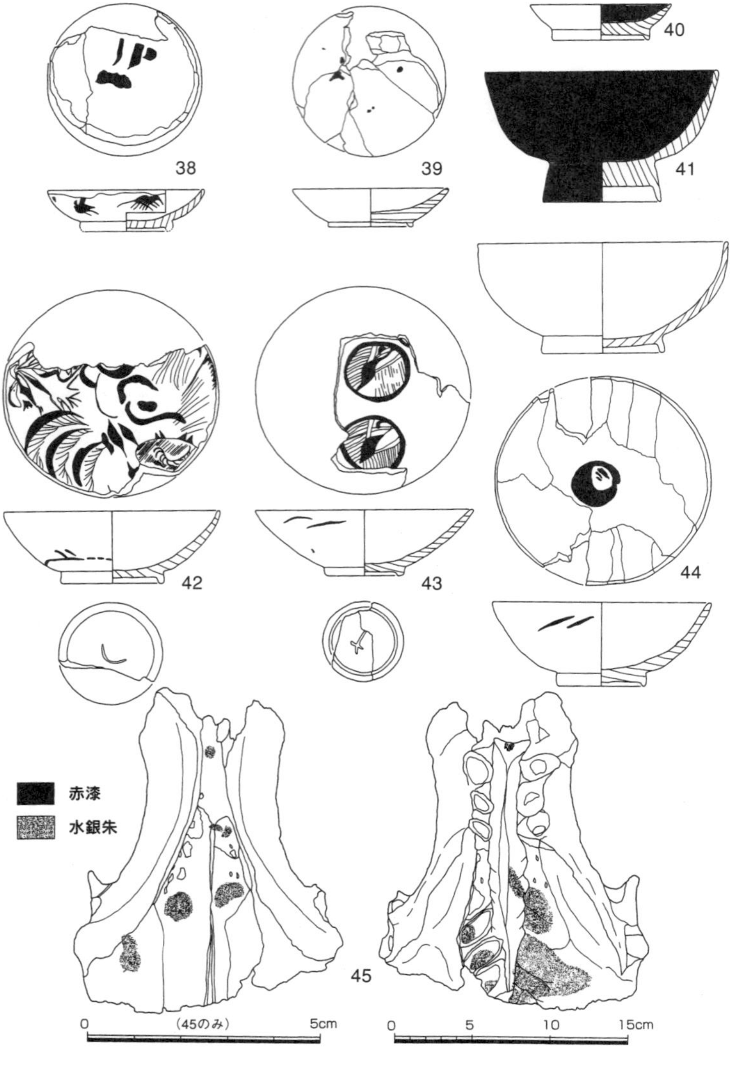

図9　出土遺物実測図(漆器他)

図10　木舟城推定図（明治8年地引絵図）

の印象にも残っている城周辺の情景を想起させるのに役立ちます。また、現在は埋め立てられてしまった水路や、付け替えが行われる前の道路をたどることができます。しかし、地割はそれまでのものに比べて大きく変化してしまっています。平成のものは、現地で城の範囲を体感するのに役立ちます。ほ場整備が完了して平たんとなった現況地形で城の範囲を想像するのは容易ではないのです。しかし、推定ラインの大半が地割図を根拠としている性格上、縮尺精度に限界がある旧地割の線を現況地図に落とし込むと誤差が発生

図11　木舟城推定図（大正10年地割図）

します。

こうしたことに注意して、推定図を眺めていただければと思います。

木舟城の姿

城は基本的に3つの郭で構成され、その周りを堀が取り囲むものになりました。一見して、杉野家文書の「木舟古城図」に似ているという印象をもたれるでしょう。城の形は基本的に「北郭」「主郭」「南郭」の3つの郭で構成され、絵図に近いものになりました。

郭の名称については、これまでの研究成果から「北郭」「主郭」「南郭」と

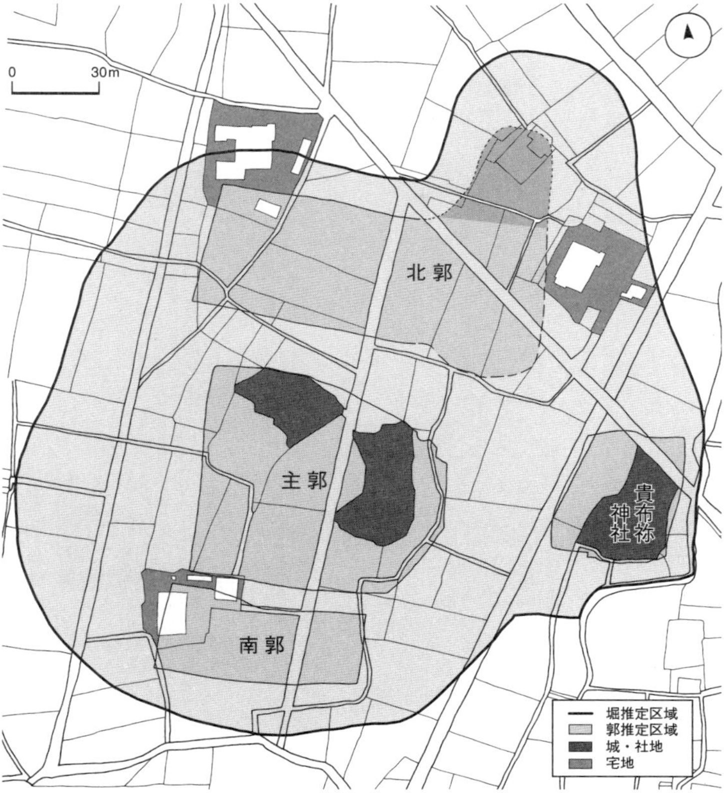

図12　木舟城推定図（ほ場整備前地図）

しています。また、主郭の東に位置する「貴布祢神社」ですが、城内に鎮守の意味合いをもたせた社を設ける例をしばしば耳にすることもあるかと思います。先に紹介しました『三州志』でも、「古城」の中に「明神社」が「有」ると記していますので、神社が城外であるという確証を得ていない現段階では城内に含め、郭の一つであった可能性を示しています。

「木舟古城図」ともっとも異なる点は、主郭と北郭の間です。絵図では両者の間が地続きのように記されていますので、土橋のようなものが存在した可能性も指摘されるのですが、発掘した結果からはこの場所に堀が存在して

図13　木舟城推定図（平成10年測量図）

いたと考えています。先ほど、17世紀中頃のものと考えられる掘立柱建物とその下層には16世紀代、木舟城が存在した頃の土器が出土することを紹介しました。この土器を含む土層は水に浸かった痕跡のあるものでして、そうした土層が複数枚重なって埋没していったことがわかりました。17世紀中頃には掘立柱建物が建っていますから、その頃には、堀は完全に埋まっていたことがわかります。絵図が描かれたのは最も古くても17世紀の末ですので、当時の地形を図化すると、主郭と北郭が繋がって表現されるのは当然のことだといえます。

この推定図で違和感をうみ、今後の懸案事項といえる場所があります。それは、北郭の北東隅にある張り出し部です。町道関連調査で検出できた堀は、道路を挟んで向かい合った東側でも当然あるものと思っていましたが、トレンチに堀の痕跡はみられませんでした。果たして、堀が切れていたのか、浅い堀がほ場整備によって削り取られてしまったのか、面的に調査すれば検出できるのか、いろいろ首をひねったのですが、ここでは発掘調査で検出されなかったという事実から、北側に堀をまわして北郭の馬出し部のような表現をしています。推定図でもそういう意味から点線で表記しています。

逆に興味が湧いてくる部分は、現在の史跡指定地の高まりです。史跡地の西に設定したトレンチ結果などを検討すると、この「へ」の字状の高まりは現在に残されたものとそれほど変わらないのではないかという考えをもっています。主郭と思われる部分にのみ高まりが残っていることから、物見櫓的な機能ももつ土塁的なものではなかったのだろうかと考えています。推定図による城の主軸はやや北東を向いていますが、高まりも同じ方向を向いています。その先にあるのは、勅使道路と呼ばれた当時の北陸道であり、城下町です。天守閣をいまだ持つことがなかった平地の中世城館では、土塁を高く、大きく築くことでその威容を誇ったと思われ、木舟城もそうした流れの中で捉えることができるのではないでしょうか。

城の東西は堀の機能を兼ねた川が流れています。ほ場整備前などは、指定地の小山からスキーをして滑り下りたほどの高低差があったことを地元の方にうかがったことがあります。滑り下りた先にある田んぼはまさに「沼田」そのものだったそうで、底なし沼のように足が沈んだそうです。こうした名残りは現在も残っておりまして、分布調査等で現地を歩きますと、長靴が沈み込んで足をとられた末、泥の上に転がったこともあるほどです。排水暗渠が設置されている今でさえもそうですので、当時は「四辺泥沼」という記録のとおりだったことは、現地を歩くと容易に実感できます。南から北へと流れていく流路に堀の機能を持たせた上で、その流路を東西に繋げ、場合によっ

写真13　木舟城の現況

ては沼の様相を呈した堀に囲まれた城の姿を描くことができます。

仮に木舟城がこの推定図に近い姿であったとするなら、張り出し部や貴布祢神社を除いた規模は南北 200 m・東西 170 m の大きさとなります。張り出し部と神社を含めた最大規模でみますと、南北 250 m・東西 240 m となります。国人領主クラスの中世城館としては、大きな規模をもつものといえるでしょう。

7．これからの木舟城

これまで木舟城跡公園として、昔の名残りをわずかではありますがとどめていた木舟城について、範囲確認調査を継続して行い、いろいろな手法を用いてコツコツと調査成果を積み上げることで、ここまで説明させていただいたところまで漕ぎつきました。地元の皆さんのご協力なくして、調査は継続できませんでしたし、木舟城跡調査検討委員の皆さんのご指導も大きな支えになりました。感謝の念でいっぱいです。

しかし、調査を進めれば進めるほど、新しい疑問が出てくることも事実です。これからも発掘に限らず、いろいろな調査の可能性を検討することで、推定図の精度を一歩一歩高めていければと考えています。ポイント、ポイントで押さえているところをもっとはっきり、お城の中の構造はどんな感じだったのかとか、より本来の姿に近づいた木舟城をお伝えするために、真摯に地道に調査を進めていきたいと思っています。

以上、「木舟城のすがた」ということで、報告を終わります。

補　　記

前述したように、シンポジウムの際「発掘に限らず～(中略)～地道に調査を進めていきたい」という意志表明しました。その証拠というわけではありませんが、その後明らかになったことを少し記しておきたいと思います。

私が参加している北陸中世考古学研究会では、2002年と2003年の総会のテーマとして城館を取り上げています。2002年は「中世北陸の城館と寺院」、2003年は「中世城館から城下町へ」というものです。2003年にはシンポジウム以降木舟城と城下町の関係について発掘成果を中心に整理検討しましたので、その成果の一部を紹介します。詳細は、第16回北陸中世考古学研究会資料集『中世城館から城下町へ』(北陸中世考古学研究会編 2003)をご覧下さい。

図14は、木舟城と城下町の位置関係を大正10年に作成された地籍図に落としたものです。この図は等高線が記されていますので、城とその城下町がどのような立地環境に制約されているか理解する手助けとなるものです。図中にある「Ｂ地区」「Ｆ地区」というのは、能越自動車道へのアクセス道路の建設に伴う石名田木舟遺跡の発掘調査区です。開辟大滝遺跡は同じく能越自動車道の建設に伴うもので、福岡ICの場所にあたります。木舟北遺跡は民間分譲住宅の建設に伴うものです。それぞれの場所では、城下町に関係する遺構が検出されています。また、鐘泉寺は、天正大地震に被災してこの地を離れた宝性寺と呼ばれるお寺が存在した場所にあたります。

さて、結論から言いますと、木舟城は自然地形を巧みに取り入れて立地し、同様に自然地形を生かした交通網(道路・水路)を利用していることが指摘できます。そして、それらの交通網は大正段階の地図にもかなり高い精度で反映されているといえることがわかりました。それぞれの城下町は整然と広域に屋敷や町屋が建ち並ぶ近世的な景観と異なり、地形の制約を受けて町が点在し、建物は道路に沿って並びます。町と町の間は、一定の距離を持って展開している可能性が高いのですが、この点については発掘された部分が限られており今後の調査事例を蓄積していく必要があります。

ところで、交通路については石名田木舟遺跡のＢ地区と開辟大滝遺跡で道

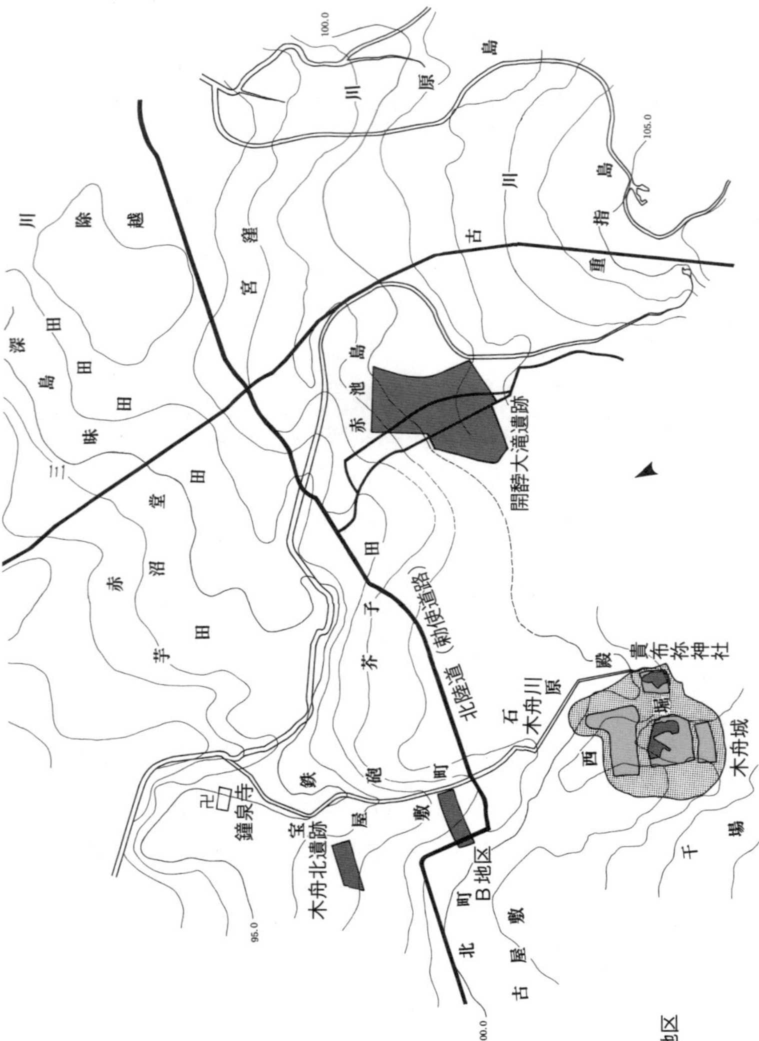

図14　木舟城と城下町（大正10年の地籍図に加筆）

路跡が検出されています。遺構図は酒井さんの報告に載せられていますのでご参照下さい。SF01～03の３本の道路が検出されている石名田木舟遺跡Ｂ地区では、道路SF01が14世紀後半～16世紀前半に機能し、16世紀中頃～末にはSF01の東に隣接する水路（木舟川に関連する）を埋めて道路SF02を造っていることが発掘調査によって明らかにされています。この道路は、その周囲の建物や出土遺物の様相から中世段階の北陸道であったと評価できるものです。また、調査区西側にはSF02と同様の時期に、道路SF03が造られています。この道路の周囲は、SF02に比べて建物が建ち並ばないことから、幹線道路ではないようです。しかし、このSF03は近世段階になっても残った道路でした。そしてその位置は、地籍図に記されている勅使道路と呼ばれる道路が木舟城の方へとクランクしている部分とピッタリ重なるものでした。

次に、開辟大滝遺跡の場合、道路１、道路２として検出されている道路についても地籍図に記載されている道路と同じ場所にあたりました。北陸道から分岐した道路に沿って城下町が営まれていたことが理解できます。そして城下町の範囲については、発掘成果を取り入れると南北200ｍ、東西90ｍと推定できます。

こうしてみると、ほ場整備前の地図について幹線道路に近い規模をもつ道路は、中世末から近世初めまでさかのぼりうるものが反映されている可能性が高いことが指摘できます。小字や分布調査による遺物の表採を重ね合せると、より一層この傾向が鮮明になります。

木舟城下町は、基本的には16世紀中頃以降に整備が一気に行われます。こうした城下の再編というか革新的な動きは、おそらく木舟城本体の改変とも呼応しているものと推測されます。これを城主の変遷と重ね合わせると、石黒氏が滅亡した後、城下町の整備を進めることができるほどの時間と勢力を有した城主は佐々平左衛門が城主を務めた段階、すなわち佐々成政の支配下におかれた頃だと推測されます。当たり前のことかもしれませんが、城下町の様子を丹念に調べていくことは、城本体のことをより深く掘り下げて考えていく上で欠かすことができないということを改めて実感しました。調べて整理しなければならないことは、どうやら山ほどあるようです。

木舟城の城下町

富山県文化振興財団　酒井　重洋

1．はじめに

私は、県から文化振興財団に平成６年に移ったのですが、そのときに最初に担当した遺跡が石名田木舟遺跡のＢ２地区です。非常に印象に残ったのは、とにかくたくさんのいろいろな種類の遺構や遺物がみつかるということで、大変驚きました。

図４・図５を見ていただくとわかるのですが、簡単に説明だけ先にさせていただきます。

図の中に「SB」や「SK」という文字がありますが、SKというのは少し大きめの穴のことです。SAは柵です。SBは建物の総称です。SDは溝のことです。SEは井戸です。SFは道です。

図４・図５にある図は、これは全部同じ場所を示しています。同じ場所で、最初の段階はこうなっていました。２番目・３番目はこうでした。最後はこうだったのですよという流れを示しています。

写真１　木舟城城下の町並み
（『大規模発掘十年の出土品展』富山県文化振興財団 2000 より）

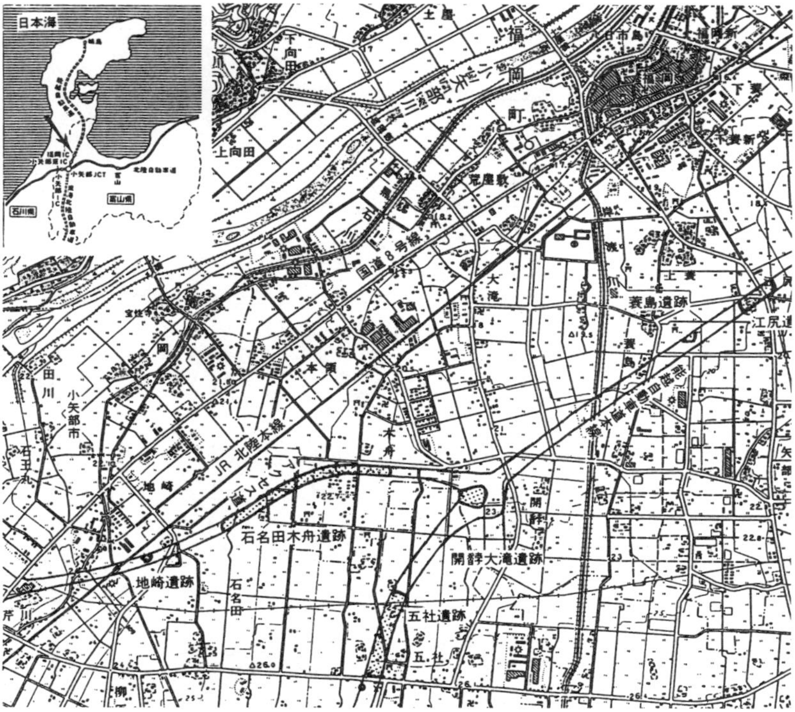

図１　遺跡位置図〔1／40,000〕
（『埋蔵文化財年報（６）』富山県文化振興財団 1995 より）

２．石名田木舟遺跡（図１・図２）

石名田木舟遺跡は非常に大きな遺跡で、木舟城から約300～500m離れた西から北側にかけて約２㎞ほどの調査を行っています。その中で、主に中世の遺構がみつかったのはＦ・Ｇ・ＨとＢ地点です（図３）。

特に石名田木舟の中で、Ｂ２地点と言っている部分が中世のお城の城下町であり、非常に特徴的な遺構がみつかっています。

繰り返される整地

ここの遺構は、近世の部分もありますので、４つの図面で示しました。その中で大きな整地が２回なされています。そして２回の火事を受けています。

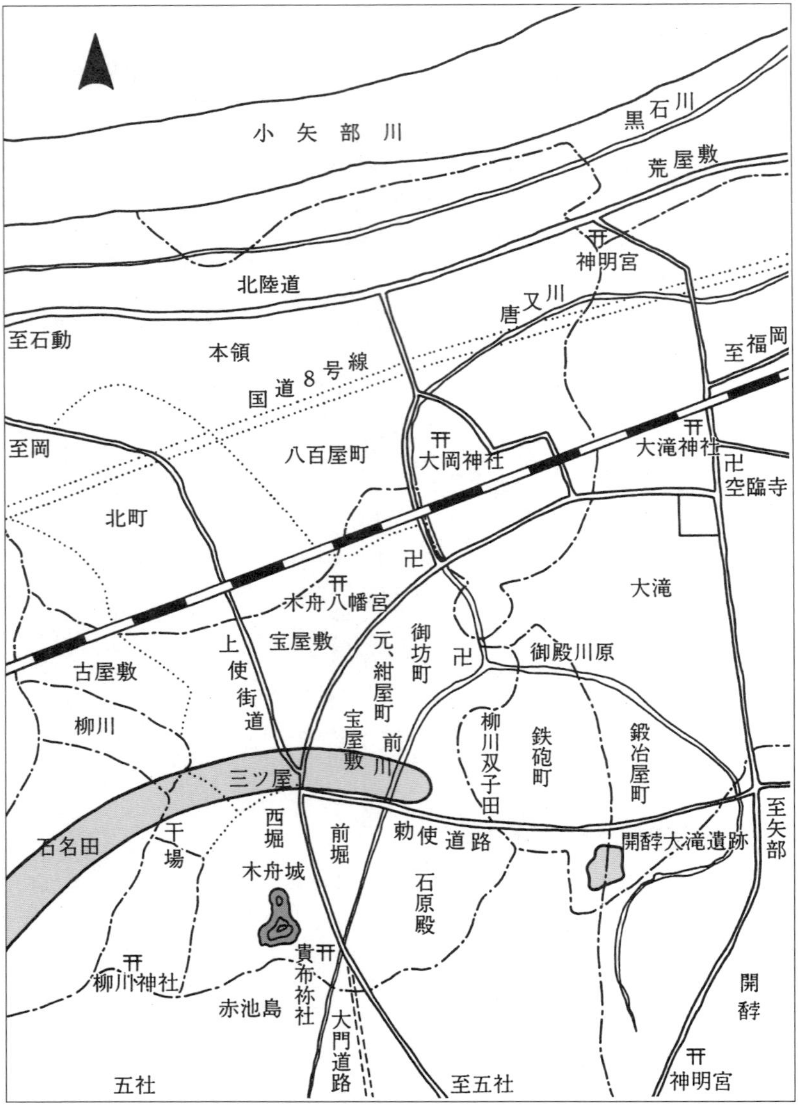

図２　遺跡周辺の地名
（『開辟大滝遺跡・地崎遺跡発掘調査報告』富山県文化振興財団 2000 より）

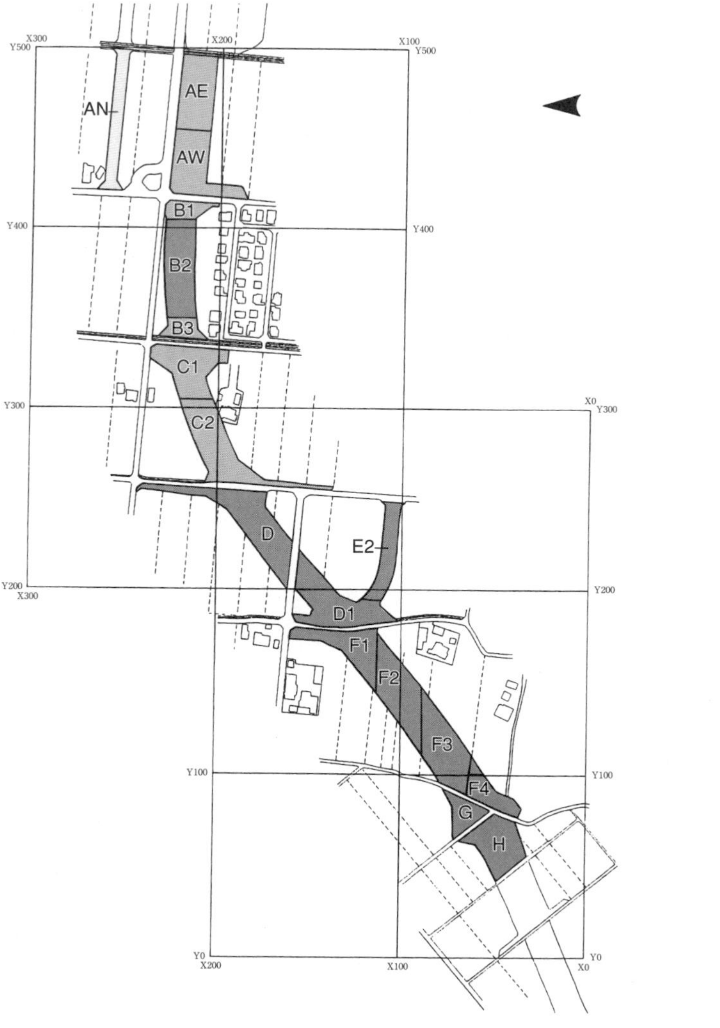

図３　石名田木舟遺跡調査区割図
（以下、図10まで『石名田木舟遺跡発掘調査報告』富山県文化振興財団 2002 より）

ただ、火事を受けている時期がいつかがわからない。おそらく中世16世紀後半と考えられるのですが、比較的短い時間で整地し直してまた建物を建て直しているというような状況です(図4・図5)。

まず見ていただきたいのは第1期の図です。これは最初のころ、おそらく16世紀の中ごろです。南北に通る道(SF1)があり、その東側に掘った溝(SD2515)があります。この溝は、おそらく物資を運ぶための水路です。溝しかないのではっきりわからないのですが、その周りに小さな建物があっただろうと推測できます。

溝(SD2515)は東側が深く西側が一段浅くなっていて、船を泊めやすいようになっています。これが最初の、木舟城の城下町ができる前の状況です。

第2期では、この溝(SD2515)を全部埋めています。調査区の東側を全部きれいに平らに整地しています。そして中央部に1本大きな道(SF2)を造り、道の中央に溝(SD1276)を掘っています。さらに西側にもう1本の道(SF3)を造るというふうにして城下町の原型を作り、その中をまた小さな溝で区画する。一つの町屋の原型みたいなものが作られて、その中に小さな建物がいくつか建っていただろうと考えられます。

しかし、あまりはっきりとはわからないのです。というのは、建物の柱を建てるときに整地した地面に直接土台の丸太を横に寝かせて置いて、その上に柱を建てるわけです。そうすると柱の穴は痕跡としてあまり残りません。そのため、建物についてはよくわからない状況です。この段階では、おそらく町屋といいますか、小さな建物なので、大きな建物は建っていませんので、町屋に近いような感じのあり方だと思います。

おそらくこれが16世紀の中ごろのちょっと後ぐらいで、こういう形になると考えられます。

第3期になるとたくさんの建物が建てられ、道路SF2に面した部分に礎石を使った建物やいろいろな建物が建てられ、一番活気があった時期がこういう感じの町屋になるのではないかと思います。一度に全部建っていたわけではないだろうと思いますが、最後がこの時期になります。つまり、天正13年の地震で終わってしまうというわけです。

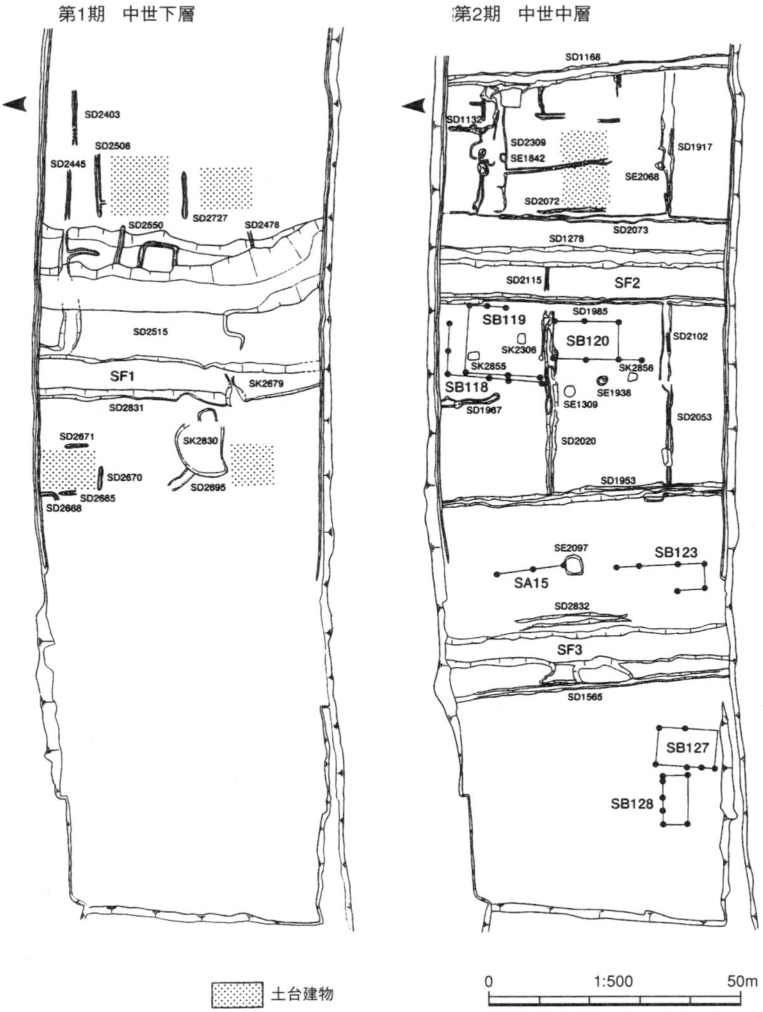

図4　B2地区建物変遷図(1)

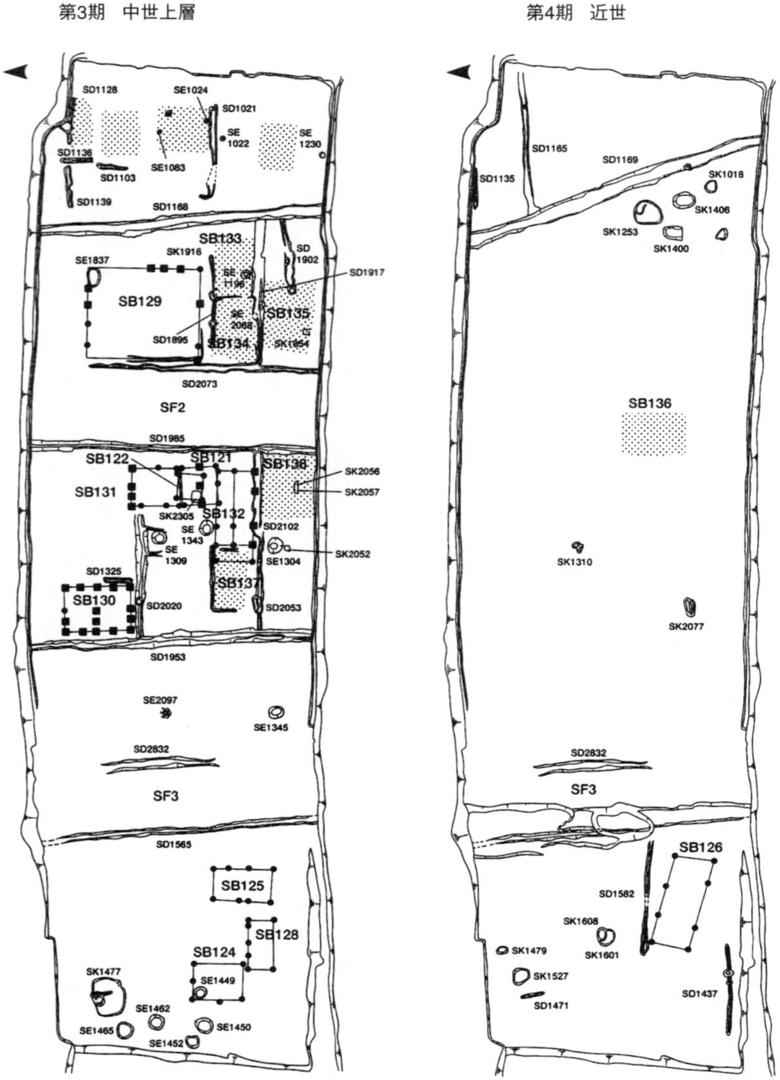

図５　Ｂ２地区建物変遷図(2)

建物の中で特徴的なのは、礎石を持った建物(SB130)です(図６)。礎石を全部持っている建物はこれだけです。あとはみんな側に礎石を持っているとか、掘立柱の建物とか、一部土台建物と礎石を併用する。このような例はおそらく中央に土台建物を建て、ぬれ縁のようなものが周りに付いていた建物です。そのほかに、かまどの跡なども７ヵ所ほどみつかっています。

もう一つ特徴的なことは、第２・３期の図を見ていただくとわかるのですが、道路SF２に面して、最初はあまり大きな建物はないのですが、後になるとこの道路に面した区画の部分にだけ、大きな建物や礎石の建物が集中します。裏側には小さな建物が建てられていて、道路に面した区画と裏側の区画は明らかに違っています。住んでいる人も違っているだろうと思います。礎石を使った大きな建物があって、有力な家臣が住んでいたのではないかと思います。

県内で礎石の建物がみつかっている遺跡は、10ヵ所ほどあります。その中で３ヵ所はお寺です。その他は、富山市の白鳥城本丸や県内の城館跡で石列がみつかっています。それもこことよく似ていて、周りに礎石を持つ建物ではないかと考えています。

あとは集落遺跡で４ヵ所ほどあるのですが、２～３間ほどの総礎石といいますか、総柱の建物が建つ礎石建物です。これはおそらく集落の中にあったお堂のようなものではないかと考えています。

その他に、井戸がたくさんみつかっています。井戸はほとんどが桶や曲物《まげもの》を使った井戸です。他の地点ですと、曲物を使ったものもありますが、石組みの井戸が多いのです。ここはどういうわけか桶がほとんどに入っていまして、桶だけを井戸の側にしていました。

豊富な出土品

特にB２地区の場合、火事やいろいろな災害を受けて埋まっていましたので、区画溝などからたくさんの遺物がみつかっています。調査でみつかった日常に使う道具としては、中国製の陶磁器や瀬戸美濃の皿や碗があります。この時代ですと、ちょうど能登の珠洲という焼き物が中世前半、15世紀ぐらいまで大量に見つかるわけですが、16世紀に入りますと珠洲の窯が越前に押

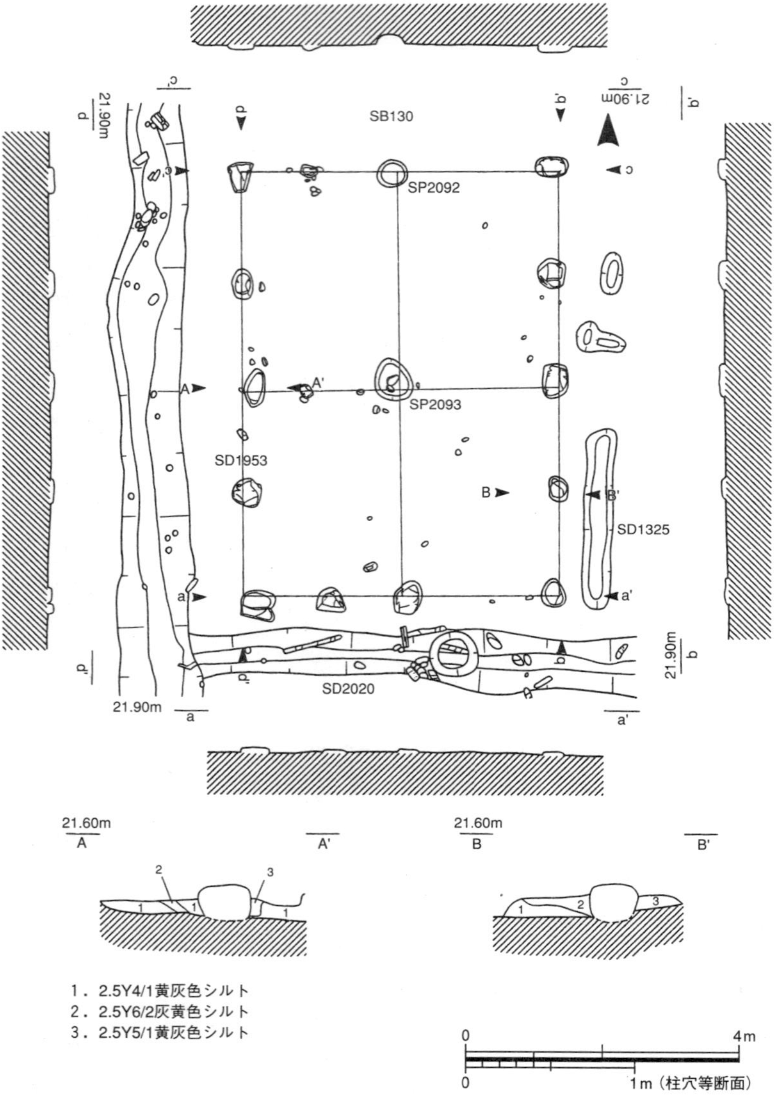

図6　礎石建物（SB130）実測図

されて生産されなくなるのです。ですから、越前が圧倒的な量を占めて出土しています。

木製品では、箸や漆器碗、桶、折敷《おしき》、曲物、下駄などがたくさんみつかっています。一般の日常の用品ではなくて、何かを作ったりいろいろな作業をするための道具では、はけ、わらを編んだりするときの重り槌《つち》の子《こ》、糸巻き、砧《きぬた》、鍬《くわ》、自在鉤《じざいかぎ》。

金属製品では鏝《こて》、金属加工に使う金切り《かなき》鋏《ばさみ》、糸を紡ぐ紡錘車、鎌、金槌、鳶口《とびぐち》、錐《きり》、漆へらも出土しています。展示会場に、漆器のお碗の中に漆が入っているものがあったと思いますが、漆を使って土器が割れたときに接合したりしています。

写真２　礎石建物（SB130）
（『石名田木舟遺跡発掘調査報告』富山県文化振興財団 2002 より）

写真３　井戸断面（SE1343）
（『石名田木舟遺跡発掘調査報告』富山県文化振興財団 2002 より）

お茶の道具としては、茶入れ、天目茶碗、風炉、茶壺、茶臼などがありました。

化粧の道具では、和ばさみ、銅製の菊花皿、かんざし、くし、小刀、毛抜きなどがみつかっています。

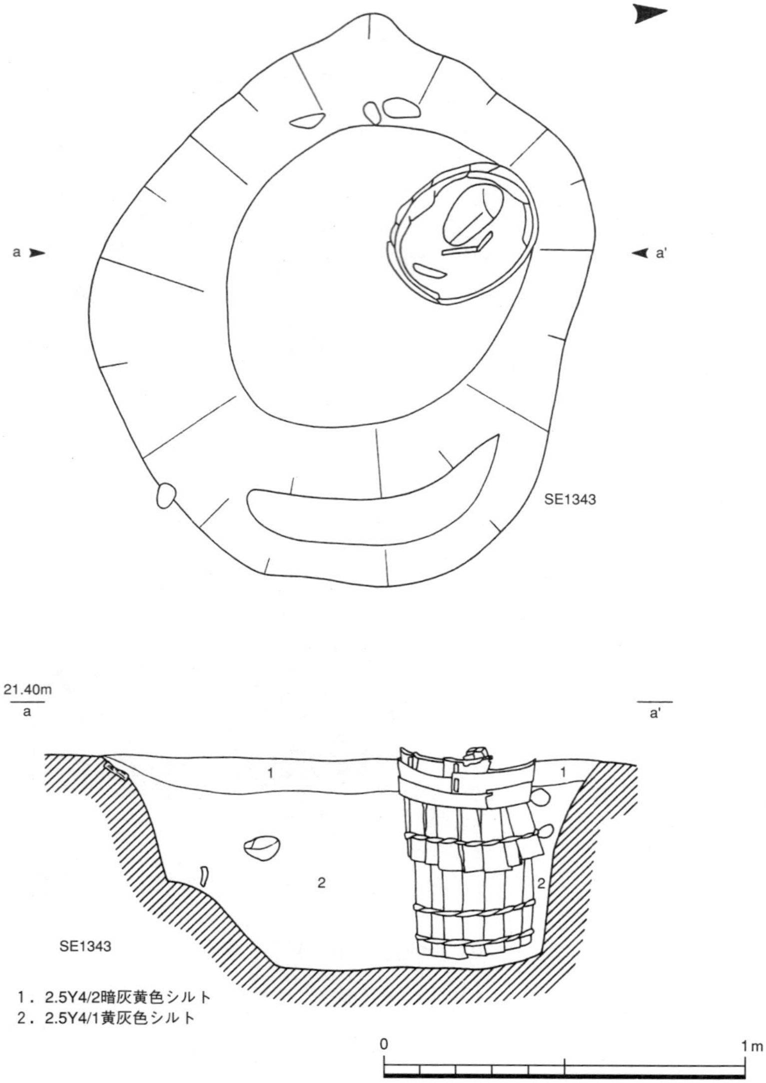

図7　井戸(SE1343)実測図

遊び道具では、将棋の駒、回す独楽、聞香札、お香をたいてにおいを当てる遊びですが、そういうものもあります。それから碁石、双六の駒がみつかっています。

文房具には、硯《すずり》、錬墨、水滴、筆などがあります。このようにみつかっているものから、日常の生活を考えさせてくれる資料が非常にたくさんあります。

武器では、刀に付いている小柄、鉄砲の鉛弾、火縄銃の部品、槍、槍の石突、小札《こざね》、兜《かぶと》、鉄の弓矢のやじりがあります。

仏具もたくさんみつかっています。数珠、鰐口《わにぐち》、香炉、龍や鶴の形をした花瓶《けびょう》の飾り金具、銅製のものが出ています。

その他では、天秤ばかりの針の部分、重り、算盤珠《そろばんだま》、樽の栓、人間の形をしたものでまじないなどに使うのですが、そういうものもみつかっています。

食物では、溝や穴の土などを洗って出てきた種や骨を同定していただいたのですが、四つ足のものはそんなに食べていなくて、魚類がたくさん出ています。ヒラメ、タイ、アジ、イワシ、スズキ、サバ、タラ、シャケ、カワハギ、フグなど、17種類ぐらいがみつかっています。

果実では、ウメ、モモ、カキ、ナシがあります。穀類では、イネ、ヒエ、大麦、小麦、ソバ、マメ類があります。

栽培植物では、アサ、エゴマ、ナス、トウガン、メロンの仲間、ヒョウタンがあります。このように、いろいろな物資が集まってきていることがわかりました。

文字資料では、札に人の名前を書いたものが出ています。「藤左衛門尉」、「伊藤小四郎」、「九郎ゑもん」、「新左衛門尉」という人の名前が見られました。

その他に、ものの量を記載した例があります。酒か米なのかわかりませんが、９斗９升や３斗２升と書いてあるもの。それから、何を数えたのかわからないのですが、200枚と書かれている例があります。

あと、筵《むしろ》52から始まりまして55までを書き、その裏側に、筵71～76まで書いたものもありました。このように、いろいろ書かれたものがみつかっています。

染付皿

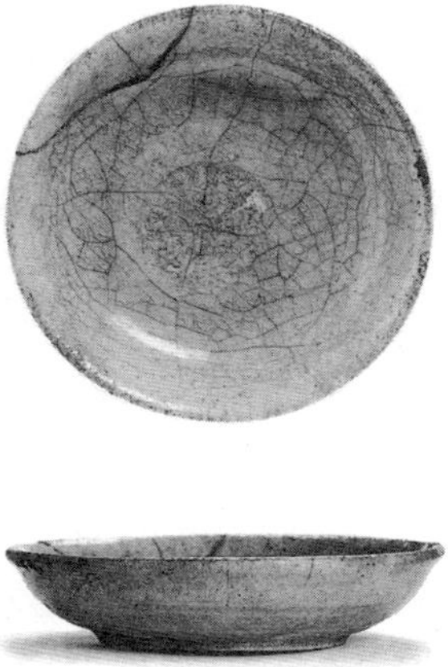

瀬戸美濃皿

交址三彩皿

珠洲片口鉢

土師器皿

青磁皿

火舎

写真４　土器・陶磁器

（以下、写真13まで『石名田木舟遺跡発掘調査報告』富山県文化振興財団 2002 より一部改編）

金箔を使った漆器

しゃもじ

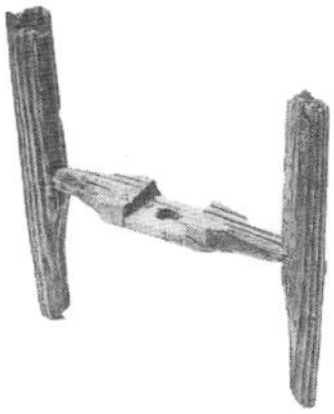
糸巻き

下駄

下駄

下駄

吉と書かれた漆器碗

漆器碗

漆器碗

写真５　木製品

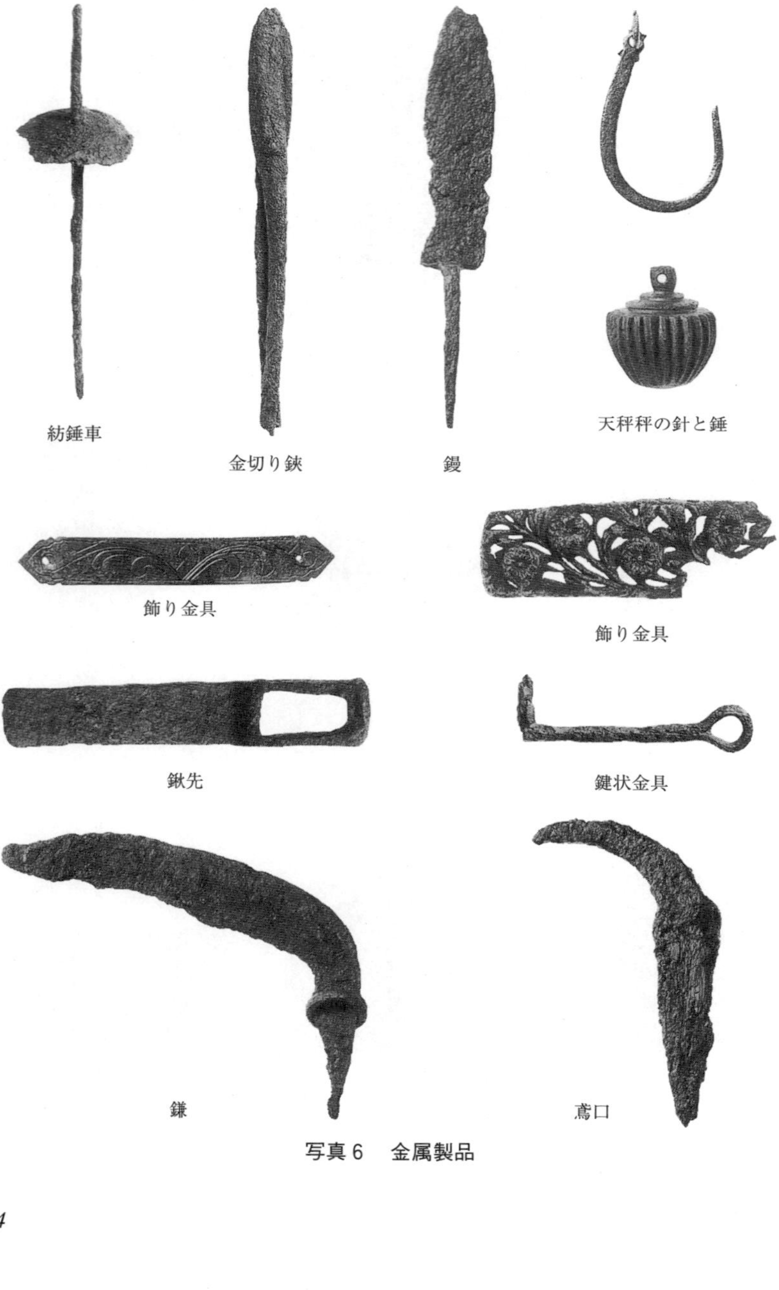

写真6　金属製品

天目茶碗

茶臼（下臼）

風炉

葉茶壺（瀬戸美濃）

写真7　茶道具

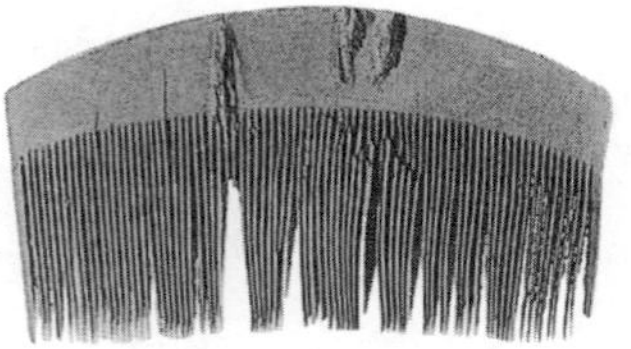

櫛

櫛

簪

はさみ

紅皿

鉄漿皿

写真８　化粧道具

将棋の駒

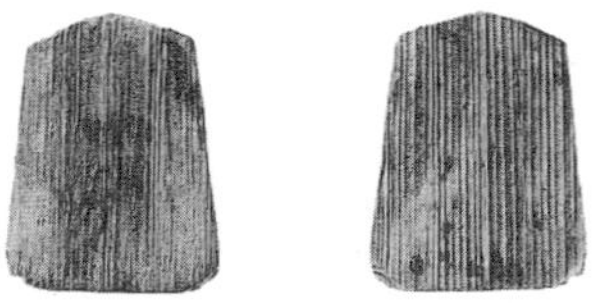

将棋の駒

将棋の駒

将棋の駒

土人形

こま

碁石

写真９　遊　具

硯

「永禄七年」と書かれた硯

筆

水滴

水滴

写真10　文房具

鉄砲の部品

鉄砲の部品

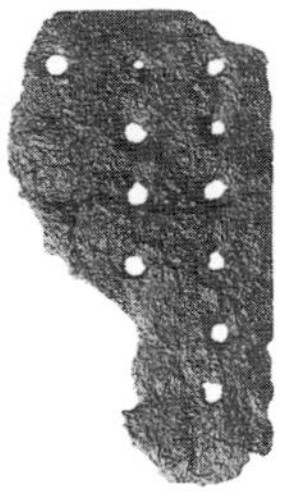
鎧の小札

小刀

小柄

小柄

小柄

切羽

鍔

鍔

写真11　武　具

「大永二一十七日十八日、天正十一年四月廿八日」と印刻された鰐口

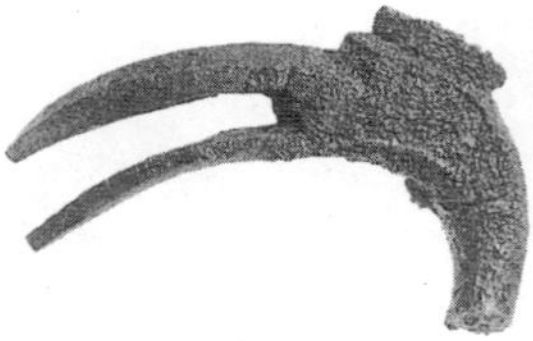

鶴をかたどった金具

仏飯具

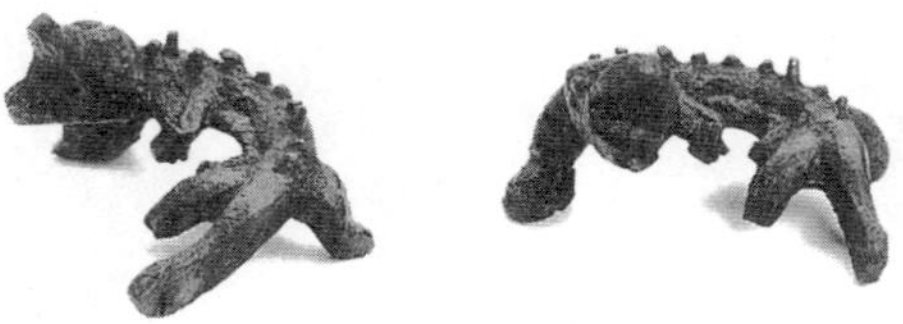

龍をかたどった金具

写真12　仏　具

「長亨二年」と
書かれた木札

まじないに使われた皿や木札

「九郎左衛門」　「藤左衛門尉」　「伊藤小四郎」　「九郎ゑもん」　「新左衛門尉」

名前の書かれた木札

写真 13　文字資料

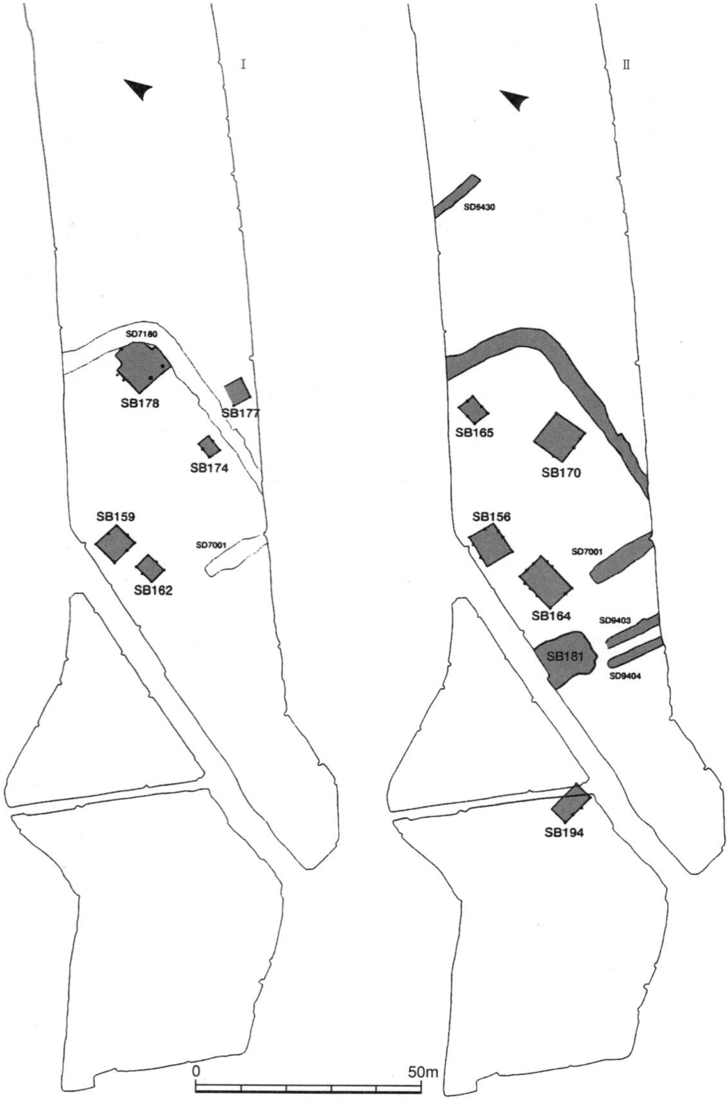

図８　Ｆ３地区建物変遷図(1)

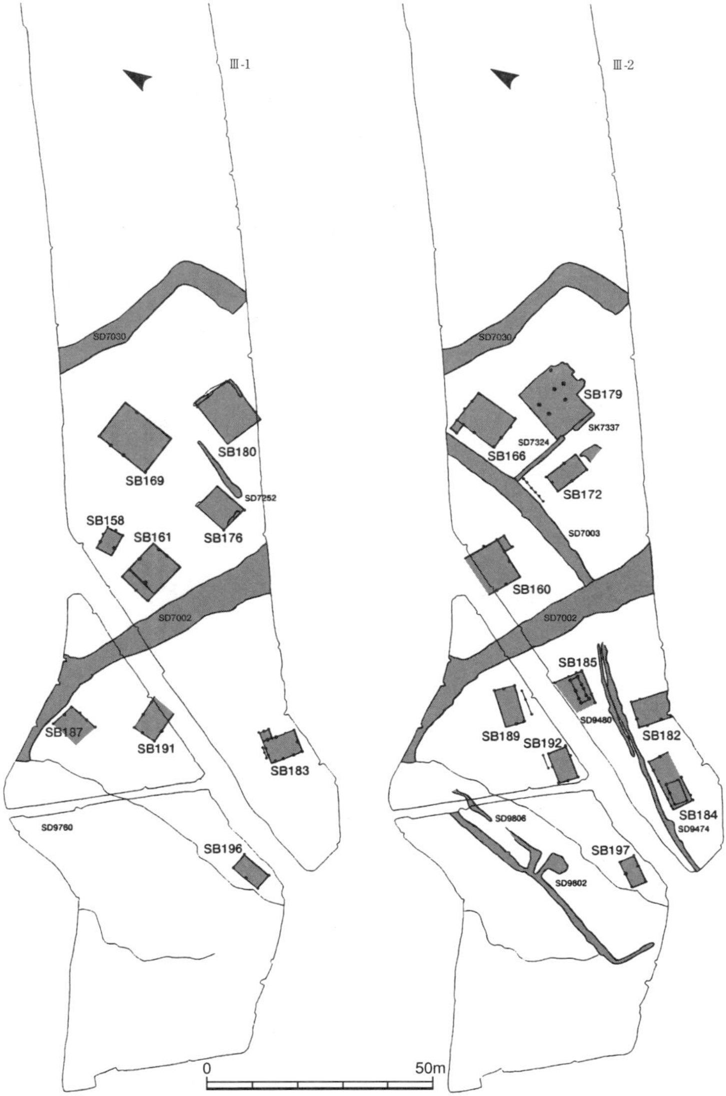

図９　Ｆ３地区建物変遷図(2)

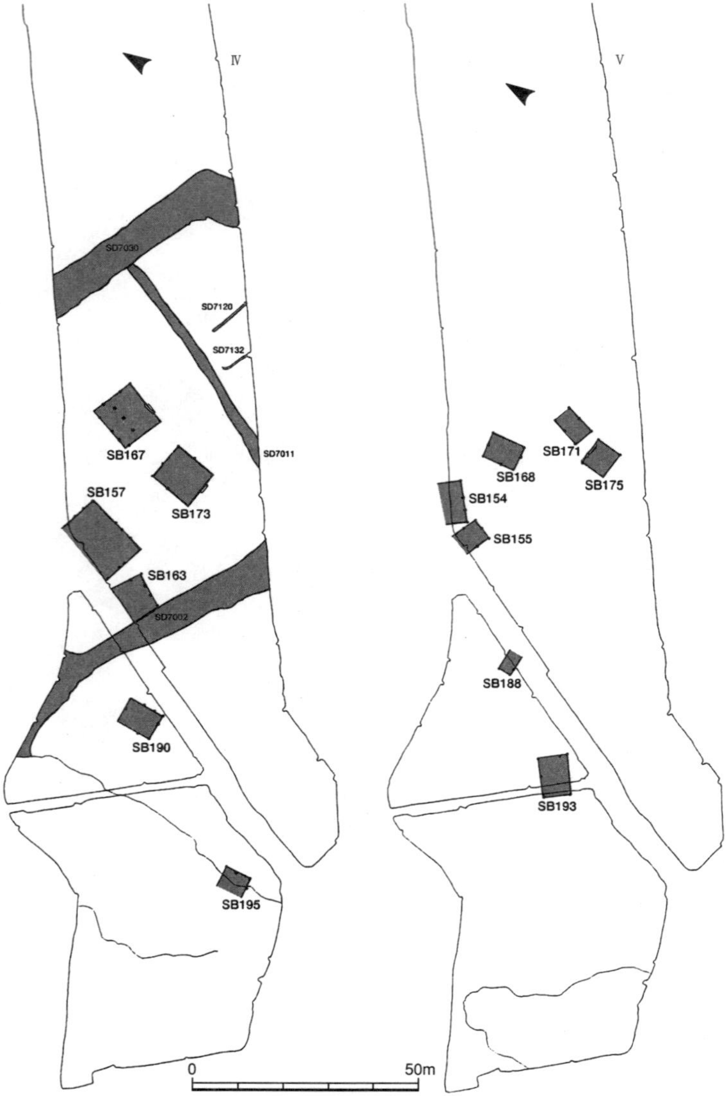

図10　F3地区建物変遷図(3)

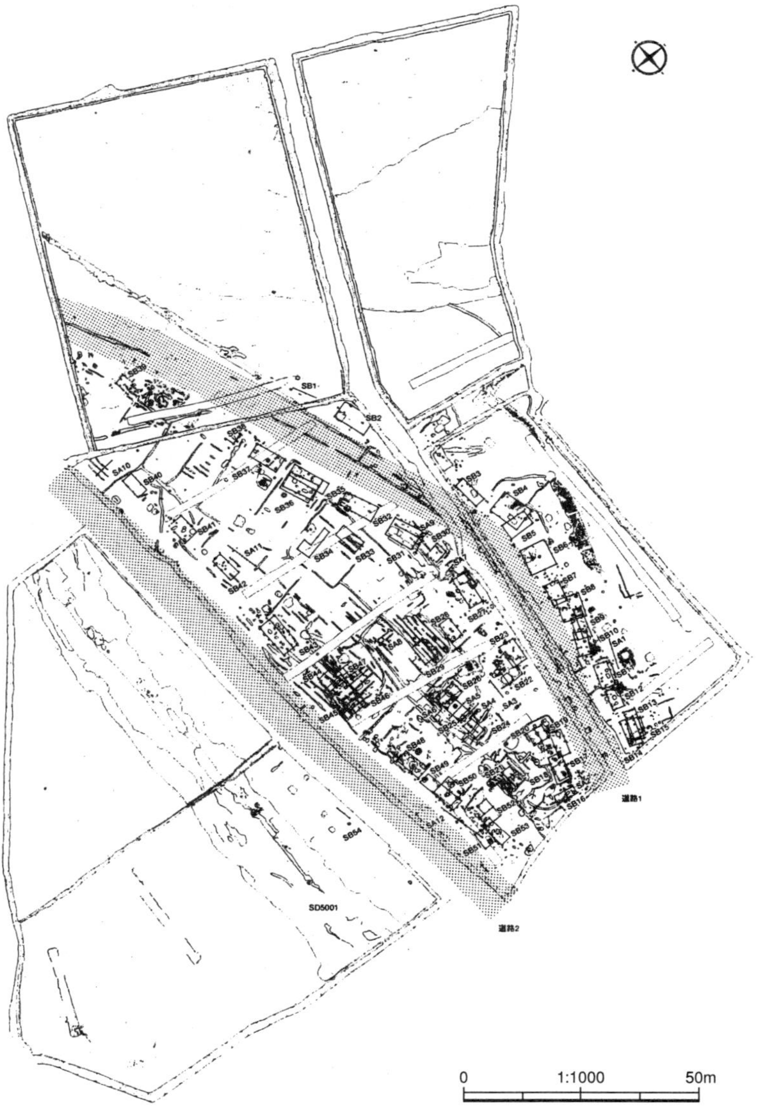

図 11　中世面全体図
（以下、図 13 まで『開辟大滝遺跡発掘調査報告』富山県文化振興財団 2000 より）

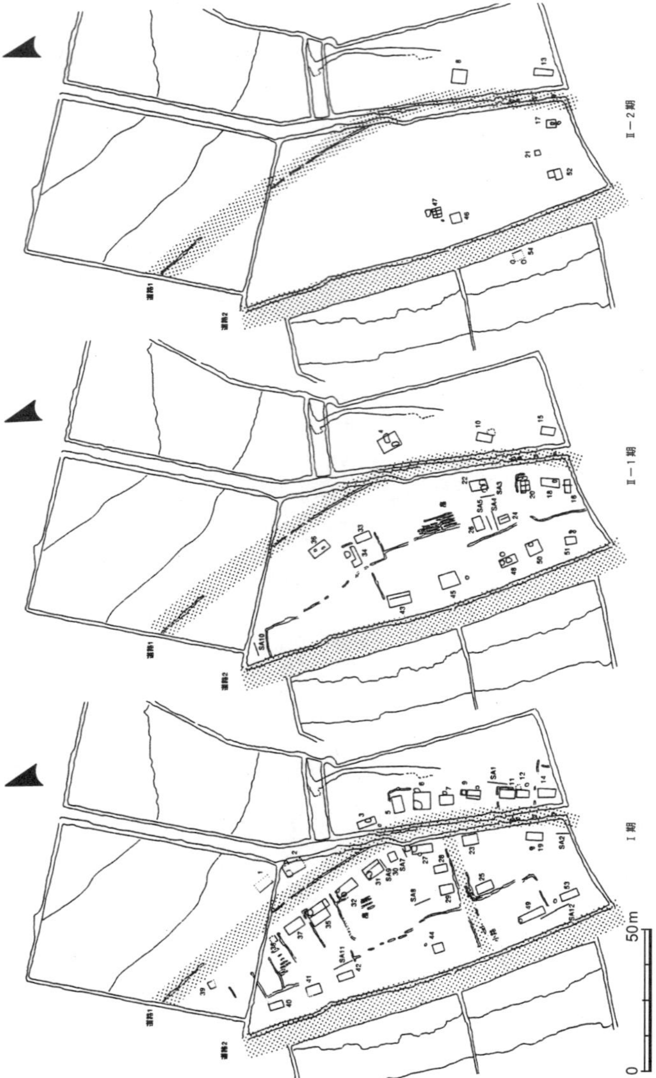

図12　町並み変遷図

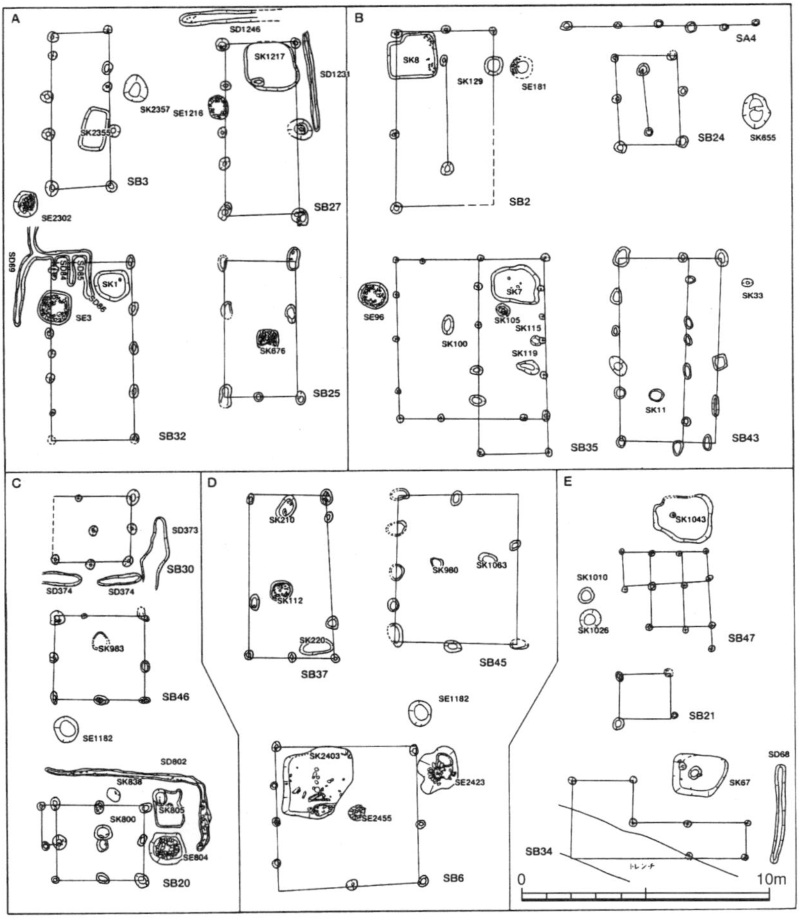

図 13　検出建物の分類図

有力家臣の屋敷跡

木舟城の西側約500ｍのＦ３地区は、図８～図10を見ていただくと、方形に大きく区画されているのですが、これが最終的に一番大きな区画になったときの屋敷地です。おそらく石名田木舟にいた家臣、有力家臣の屋敷の跡だろうと思います。

台付容器か

水滴

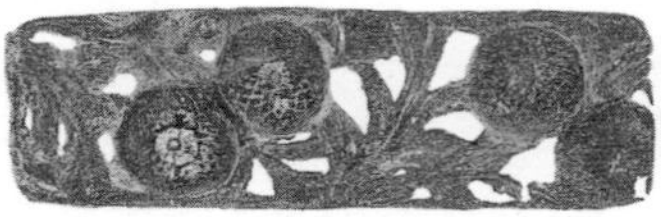

飾り金具

鉄瓶

こうがい

銅製匙

鎧の小札

写真14　開辟大滝遺跡出土遺物

(『開辟大滝遺跡・地崎遺跡発掘調査報告』富山県文化振興財団 2000 より)

この地区で小さい屋敷が最初にあって、それから若干大きくなって、また大きくなってと3回ほど大きく造り替えられています。そのあと、ここは16世紀の中ごろまで使われていたのですが、急に使われなくなります。後に、この辺は細かく区画され小さな建物が建ってくるので、たぶん町屋になったのだろうと考えています。

3．開辟大滝遺跡

図11は石名田木舟遺跡の東約500mほどにある開辟大滝遺跡です。集落内の中央と西側に並行して道があります。道の周りが短冊に区切られています。その中に小さな建物がたくさん建っています。東側にも建っています。

この集落は焼けたかまどみたいな遺構がたくさんみつかっていて、鍛冶に関係した職人がいた職人町ではないかと推定されています。先ほどの石名田のB地区から見ると、非常に小さな建物で、細かくたくさん建てられています。この集落は、主に16世紀の後半に営まれています。

4．木舟城と城下町の関係

最後になりますが、大きな家臣の家が16世紀の中ごろになると使われなくなるということについてです。これはおそらく木舟城の造営と町屋の造営との関係で、こういうところに住まわすのではなく、有力家を城下町の中、あるいは幹線道路の周りに集め、より完成された城下町を目指した結果ではないかと考えています。また、県内が統一され安定した経済活動が行われるようになった結果、城下には多くの物資が集まったと考えられます。

天正大地震と長浜城下町

滋賀県長浜市教育委員会　西原　雄大

1．はじめに

滋賀県長浜市にある長浜城(写真1)は、羽柴秀吉が初めて大名として築城した城であり、また、城とともに発展した城下町の長浜町は、近世城下町のプロトタイプといえるでしょう。

現在長浜は、滋賀県北東部に位置する観光都市であり、文化の情報発信基地でもあります。それは、まちづくりプロジェクトとしての民間ラジオ局導入、NHK大河ドラマと提携して秀吉博の開催、自然環境を守る活動など、市民が主体となった都市再構築を展開しています。

写真１　現在の長浜城

2．長浜築城

姉川合戦後、その武功を織田信長に認められた秀吉は、北近江の大名として、それまで浅井氏の居城であった小谷城を与えられました。しかし、政務等の問題から、かつて京極氏の居城があった今浜に移ることとなったのです。

築城が始まったのは天正２年(1574)で、天正３年(1575)には工事が完了したとみられます。これは、築城にあたり『長浜市個人蔵文書』『大阪城天守閣所蔵文書』等で秀吉が、湖北の農民、職人を徴用したことが明らかとなっていて、また『竹生島文書』では天正２年(1574)正月23日に、浅井郡竹生島に対し浅井長政が預けていた材木を引き渡すよう命じています。さらに『信長公記』の天正３年(1575)８月12日の記述には、信長が小谷城の陣所に宿泊したとあるので、この時まで秀吉は小谷城にいたとみられます。

さらにまた、『国友助太夫(斉治)家文書』の慶長５年(1600)７月18日付石田三成判物では、国友鉄砲鍛冶は「天正三年長浜ニ　太閤様御座候已来の法度」に従うよう命じていて、おそらく秀吉は天正３年(1575)には長浜に入城したものと考えられます。

長浜に城を移し、城下町を造った理由はこれまでの研究から、①湖上交通と東山道と北国街道にある要衝、②国友鉄砲鍛冶の支配、③経済と軍事拠点、④一向宗の監視が考えられます(図１)。

こうして、小谷城下は天正５年(1577)卯月10日の伊部郷百姓中に宛てた『羽柴秀吉書状』にみられるように、「伊部方の内、城山の事、とらせ候、牛馬持ち候て、別て耕作方仕るべきものなり」城を明け渡し、耕作を許すことになったので、廃城が進みました。

3．城主の変遷

長浜城の城主は、羽柴秀吉、柴田勝豊、山内一豊、内藤信成、内藤信正と続き、内藤信正が、元和元年(1615)に摂津高槻城に移封してからは、長浜城は廃城となりました。

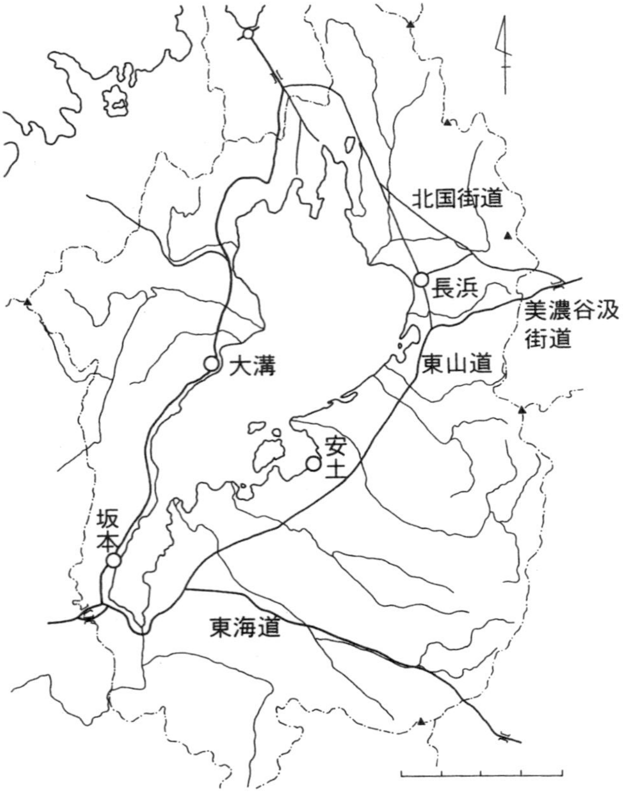

図1　主要街道と長浜

①　羽柴秀吉

秀吉が城主の時は、『信長公記』にあるように、天正3年(1575)加賀一向一揆の制圧、天正5年(1577)紀州雑賀攻、加賀布陣、播磨攻、天正8年(1580)三木城合戦、天正9年(1581)鳥取城攻、淡路転戦、天正10年(1582)高松城攻というような、日々、合戦に明け暮れた猛将と言えるでしょう。なかでも天正5年(1577)霜月27日付では「羽柴筑前、粉骨の働き、比べなき題目なり。」とあって、秀吉が信長の有能な家臣であったことを裏付けることができます。

秀吉が得意とした戦略として、包囲戦があります。三木城、鳥取城、高松城、そして後年になりますが小田原城の包囲です。三木城では、干殺し。鳥取城では飢え殺し。というように、包囲による糧食の欠乏と補給線の切断から、多くの餓死者が出ました。

天正10年(1582) 6月2日、本能寺の変が発生して、信長が家臣である明智光秀に討ち取られるという事態が発生し、光秀による攻撃が拡大して、安土城、佐和山城、そして長浜城が光秀の手に落ちました。長浜城の攻撃については『京極家譜』『多門院日記』に、京極高次、阿閉貞大が攻めたとあり、簡単に長浜に入城したとあります。

では、秀吉の家族はどうしたのでしょう。妻であるお禰と母のなかは、広瀬兵庫助と称名寺性慶の警護で、美濃の広瀬に逃れたとされていて、山崎合戦後に、兵庫助には『甲津原文書』の記述にあるように「このたび女房衆どもあい越し候ところ、馳走にぬきんで」「忠恩として五百石」の知行を天正10年(1582) 6月19日付で、秀吉、秀勝の連署で与えられています。長浜市室町には、広瀬兵庫助の城館跡が伝承されていて、土塁の一部などが残っています(写真2)。近年の周辺発掘調査の結果では、中世の溝、土坑などの遺構、16世紀代の灰釉陶器、土師器が出土しました。

次に、甥で秀吉の養子となった木下秀俊(のちの小早川秀秋)は、幼少であったので逃げ遅れたらしく、長浜市宮司町の総持寺にかくまわれたことが、『総持寺文書』の「北政所書状」(駒井重勝宛、無年)によって明らかになっています。

総持寺は、長浜城の大手道から城下町をぬけてまっすぐに東の位置にあるので、秀俊一行は直線的に逃走したのかもしれません。また、寺の北側と東側には、現在でも1.5mの高さの土塁がみられます(写真3)。これは、寺の防御性を示したものと考えられます。

山崎合戦で、光秀が敗死し、長浜城も秀吉方によって奪還され、天正10年(1582) 6月に清洲会議が開かれました。この会議の結果、信長の遺領分配、後継者が定められましたが、長浜城は柴田勝家の養子の勝豊に与えられ、秀吉は長浜を去ることとなりました。

写真２　広瀬氏館跡

写真３　総持寺土塁

②　柴田勝豊

勝豊は勝家の姉の子で、父は吉田次兵衛であり、天正元年(1573)には越前丸岡城主になっています。しかし勝豊の史料は少なく、不明な点も多いのです。

近年発見された古文書『柴田勝豊感状』(無年７月16日付)は塚谷佐一郎宛のもので、加賀国黒谷城に籠もる一向一揆勢を佐久間盛政が攻略し、城内には土屋隼人、窪田綱盛などの土豪がいましたが、守りきれず退散しました、とあります。この時、塚谷も一揆勢にいたのですが、勝豊方に寝返り城の攻略に手を貸したと考えられます。また、同書では武功を讃え、所領安堵を約束しています。長浜城主となってからは、天正10年(1582) ８月24日付『菅浦文書』では借渡米銭などの破棄する徳政を発令したほか、竹生島の寺領安堵、浄信寺(木之本町)への米の毎年寄進を申し入れています。

同年11月中頃から、秀吉は勝豊とその家臣団に対して調略をしていることが『賤ヶ岳合戦記』の記述にあり、『天正記』『豊鑑』では、佐久間盛政と勝豊との不仲が記され、『武家事記』では勝家に実子権六が出生すると、勝豊を遠ざけるようになったとあります。

おそらくこれらのことを秀吉は利用して、勝豊を自勢力に引き込んだのでしょう。『兼見卿記』によると間もなく、秀吉は同年12月に5万の軍勢を率いてきたので、簡単に勝豊は降伏してしまいました。長浜開城後の処置は寛大で、勝豊の城主の地位はそのままでした。

しかし勝豊は、翌天正11年(1583) 4月16日に病死しました。

③　山内一豊

『太閤記』によると賤ヶ岳合戦後の天正11年(1583)に、近江知行割が行われ、検地から各大名の所領の整理が実施されました。しかし、長浜の領主は不明で、おそらく秀吉の直轄地(蔵入地)になったものと考えられます。

天正12年(1583)には小牧・長久手合戦がおき、秀吉軍と徳川家康・織田信雄連合軍の間での戦闘が続けられました。秀吉は戦闘に負けたものの、政治的には勝利し、講和をすすめました。

城主不在の長浜も、同年12月に山内一豊が入城しました。『山内家史料一豊公記』によると「初の長浜」と記述があります。

この一豊が城主の時に、天正大地震が発生しました。天正13年(1584) 11月29日、大地震が近畿地方を中心に発生し、多くの被害をもたらしました。『宇野主水記』では「夜四半時大地震それより十余日折々地震止まず」「三十三間堂の仏は六百体ばかり倒れ」とあり、長浜では『一豊公記』の「長浜の御城内大半震り潰れ申し候。(略)取て返し御姫様の御部屋へ参り屋根を切り破り見候えば、大きなる棟木落掛かり、その下に御乳母共に息絶えて伏しなされ候よし、そのほか御城内にて乾彦作をはじめ数十人相果て、潰れたる下より出火いたし候ところも数々これあり　火に焼け死に候者また少なからず」となっていて、一豊の娘与禰姫は乳母とともに下敷きになって亡くなり、また多くの家臣も亡くなりました。

また、ルイス・フロイスの書簡『イエズス会日本報告書』では、長浜には1000戸の戸数があったが、陥没して半分を飲み、他の半分は火災により焼失してしまった、とあります。

この天正大地震については、発掘調査でその痕跡が見つかっていますので、詳しいことは後述とします。

天正18年(1590)、山内一豊は掛川城に移封となり、再び長浜は秀吉の直轄地となったようです。

④　**内藤信成**

一豊の移封後は、西尾光教、寺西直次が代官を務めていたようで、『長浜八幡宮文書』『廃絶録』『慶長四年諸侯分限帳』に記述がみられます。関ヶ原合戦後は、徳川幕府の直轄地となり、『長浜記』によると米津清右衛門が代官となりました。

慶長11年(1606)6月、内藤信成が長浜に入城し、城の大修築が行われました。二代目の信正は、大坂の陣の功から元和元年(1615)閏6月に摂津高槻城へ移封となり、長浜城は廃城となるのです。この時、城の門や櫓が解体され彦根城へ運ばれました。これを裏付ける史料としては、『井伊年譜』にある長浜城からの移築の記述と、現在の彦根城天秤櫓の飾り瓦に内藤家の家紋瓦が残っていたことがあります。

こうして、秀吉以来の長浜城下町は終わり、宿場町、門前町として発展していきました。

4．長浜城の発掘調査

長浜城の発掘調査は、本丸、御船入地、武家屋敷、大手道などを含めて学術調査2回、行政発掘は64次の調査(平成15年8月現在)が行われています。長浜城は、琵琶湖の水を利用した水城で、島と小さな飛島、大堀などが構築され、極めて変わった形をしています。(図2、3)

この城の縄張りは、非常に防御には適しているものと思われ、東側からの攻撃では城下町が防御の楯となり、また2つの大きな堀は防御線を助長します。さらに、いざとなれば琵琶湖に船で脱出できるのです。しかし、台風等の水害で琵琶湖の水が増水すると、これはかなり不利なものとなってしまいます。

そして、発掘調査で石垣が見つかったのは、学術調査(昭和44年度)、第3次調査(昭和55年度)、第4次調査(平成元年度)で、なかでも第4次調査では石垣の根石とみられる石列が並んで検出され、本丸部分は角ばったつくりにな

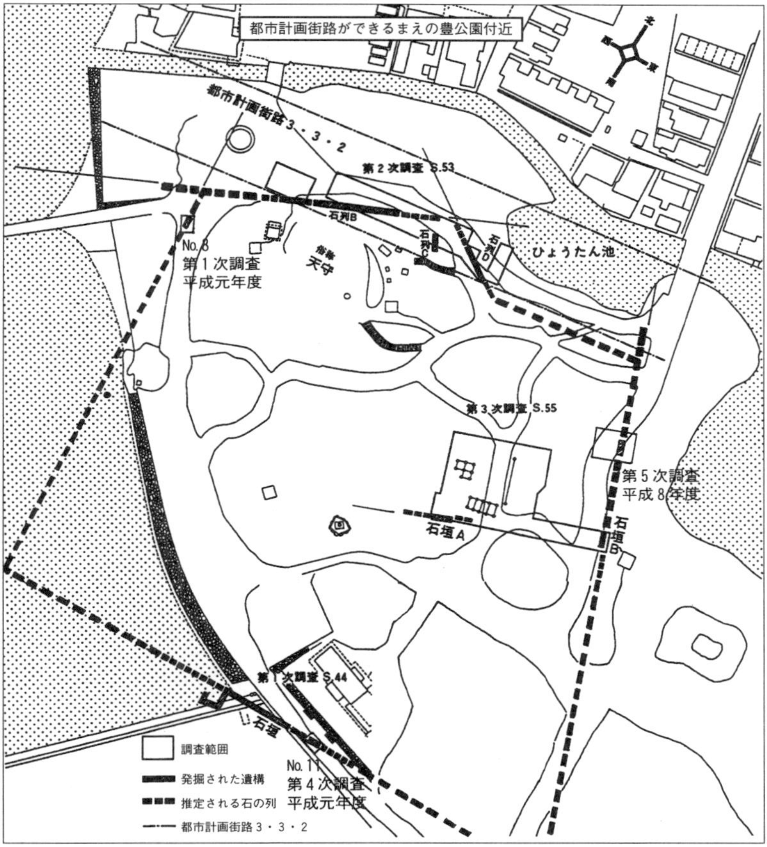

図２　発掘された長浜城跡の部分

ることが、明らかとなりました。(写真４、５)

また、第２次調査(昭和52年度)では天守跡とみられるものが検出され、1.5mの高さまで版築されていることがわかりました。この遺構のすぐ北側には船着き場とみられる遺構も見つかり、御船入地の存在を裏付けるものとなりました。そして、この御船入地の堀も、第50次調査(平成14年度)に見つかり、かなり大型の船が出入りできることがわかりました。

第64次調査(平成15年度)では、城の北側から東へとのびる大手道の調査が

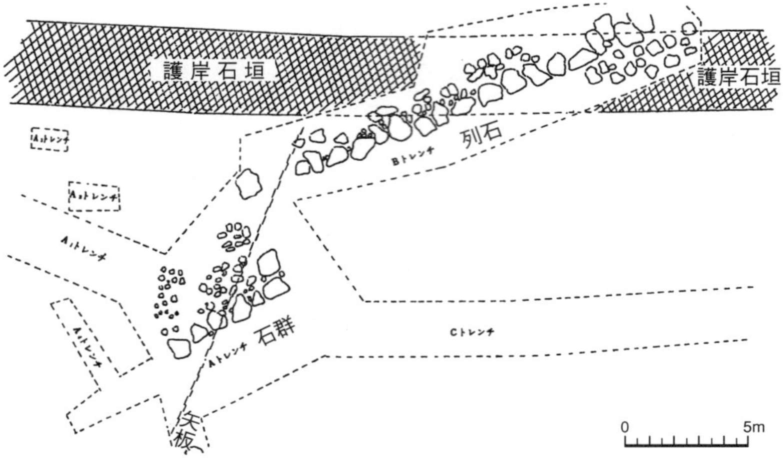

図3　第1次調査　石垣

実施され、道の一部とみられる陸上部分が検出されました。

しかし、本当に天守閣はあったのでしょうか。信長の命をうけた播磨攻の頃、『豊鑑』には「やくらともあまた造りつゝけ、天主とかやとて家をあけて高くそひやかし」とあり、また『播磨鑑』には「三重天主」の記述があります。

これを裏付けるものとして、姫路城の昭和大修理では、秀吉時代の天守台の石組と礎石が発見され、天守閣には周囲に武者走りを設け地下に穴蔵を持つ外観三重、内部試四階建て望楼天守であったと報告されています。

それならば、同規模のものが長浜にあってもよいと考えられるのですが、ここには、長浜城主となったばかりの秀吉自身の経済力、建築工法上の問題、城の政治的な位置づけ(隣国にはかなりアジール的となる)があり、秀吉はこれらをすべてクリアできていたかということになります。木戸雅寿氏は長浜城天守が秀吉時代のものであるか疑問視されていて、山内時代の『南部文書』の記述から天正大地震後に城を解体していることを報告しています。

また、『長浜町人中宛秀吉朱印状』(無年正月13日)には天守の修築について記述があります。これで、長浜城には天守閣があったのではと考えてしまいますが、秀吉のサインは花押でなく、朱印(糸割符印)のため、賤ヶ岳合戦後の天下人となっていく過程のものとみられるのです。ここで考えられることは、①朱印のため秀吉直轄地となった頃に作成された。②子飼い大名の山内一豊が天正大地震にあい、『一豊公記』にみられる被災を哀れに思い、書状を作成した。それは、地震発生が11月29日で、書状の発行が無年正月13日となっており、天正大地震の余震も少しずつ弱まり、秀吉にも地震整理の余裕ができた。ということをあげることができます。③一豊の掛川移封後、長浜城の天守を壊し、城は荒廃したと『知善院日記』に記述があるので、その天守を石田三成の佐和山城に移築した可能性もあります。近世に描かれた『佐和山合戦図絵馬』では、天守閣は５層となっています。④近江知行割後の天正12年説もあり、秀吉により破壊されています。

では、発掘調査の成果と合わせて考えてみると、検出された遺構から安定した時期を明らかにするだけの遺物(土器、陶器など)の出土がないこと。瓦においては丸瓦、平瓦、鯱とみられるものが出土していて、中には小谷城出土の丸瓦と酷似するものがあります。これは、小谷城主時代に秀吉が瓦を葺

写真４　長浜城石垣(第４次調査)

写真５　長浜城石垣

き、そのまま長浜に移築したと思われます。そしていまだ、城内の調査区からは、天正大地震の痕跡を示す噴砂、地割れ、断層の検出がみられないことがあり、『南部文書』にみられる山内家家中による解体、『知善院日記』の一豊移封後の秀吉による解体、『当代記』による内藤信成の入城時の大修築、『井伊年譜』の井伊家による彦根城への移築からみれば、内藤氏の時代の遺構が中心をしめてもおかしくありません。今後の調査の進展によっては、秀吉時代の遺構もまとまって見つかるものと思われます。従って天守閣の存在については、これからの発掘調査の成果を待たなければなりません。

5．長浜城下町の調査(長浜町遺跡)

長浜町(城下町)は、森岡栄一氏の研究で縦町タイプにあると推定され、『屋敷年貢米三百石免粗地』の朱印状が与えられた天正19年(1591)までに(図4)、近世長浜の原型ができたと結論づけています(図5、6)。成立過程では、城下町建設以前に存在した今浜村、横浜村などの村々を主体に、南北の通りに間口を開く縦町が形成され、大手町、本町、魚屋町、北町が形成されました。そして、天正８年(1580)頃までに、小谷城下から移住させられた大谷市場町、伊部町、呉服町、横町、などにより、東西の通りに間口を開く横町が形成され、城下町の中心部分ができあがりました。さらに、天正９年(1581)以後に小谷城下町から移住させられた郡上町、郡上片原町、知善院町などによって城下町の北辺が形成されたとしています。

この、研究方法等について森岡氏に直接うかがってみると、古文書、古絵図、伝承、聞き取り調査から得られた結果であり、長浜町の形成は細分化すると５時期に分かれると聞かされ、大変驚きました。

また、城下町には、長浜町年寄十人衆という有力者を秀吉在城時代に設置し、町の警察権、経済的な利権、情報収集等にあたらせていました。この十人衆の制度は、江戸時代も引き継がれており、長浜は宿場町としての機能を果たしていたので、十人衆の屋敷は北陸大名の脇本陣として使用されたりもしました。

城下町遺跡は、長浜町遺跡と呼ばれ、これまでに44次の発掘調査(平成15年

■ 水面　　▬ 道路
▪▪▪▪ 後の北国街道　　—— 三白石免租地
いずれも破線は推測線とする
地名は元禄9年絵図に基づく
長浜市教育委員会復原

図4　長浜城遺跡と長浜町遺跡（『長浜のまちなみ』より）

8月現在）が実施されました。

近年、この十人衆の下村藤右衛門と吉川三左衛門の屋敷跡の発掘調査が実施されたので、これに関する報告と、秀吉の最初の実子とされる羽柴秀勝の伝承墓の発掘調査報告を行います。

図５　長浜町町割図（『長浜町絵図の世界』より）

①　下村藤右衛門邸　長浜町遺跡第１次調査

下村藤右衛門という人物は、長浜城下町建設以前に存在した今浜村の住人とみられます。当主は代々藤右衛門を名乗り、城下町は49町から構成され、藤右衛門は、西本町に居住していました。秀吉は、49町を10組に分けて、各組に１人の町年寄を定めたと言われ、藤右衛門はその１人でした。町年寄は十人衆とも言い世襲制で、その中から互選で町政を担当する三年寄が選ばれました。

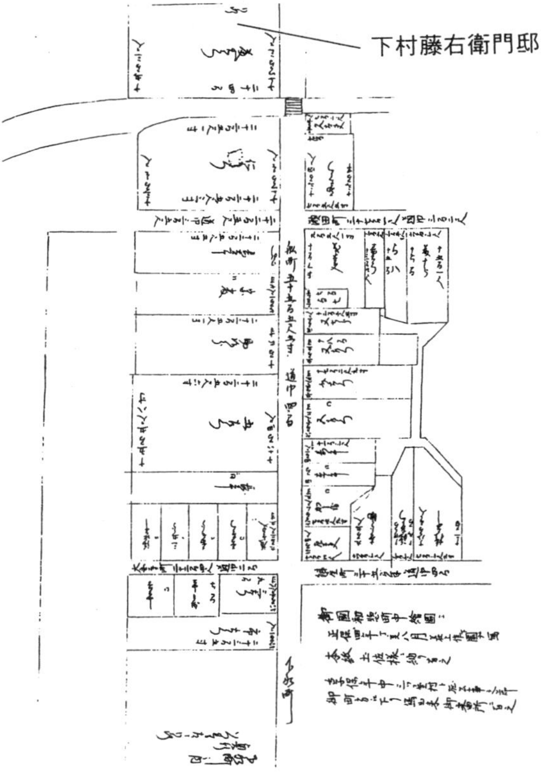

図6　正保4年長浜町絵図（『長浜町絵図の世界』より）

次に、発掘調査は民間銀行の改築工事の事前調査として進められ（平成8年度）、調査を担当した丸山雄二氏の報告によると（図7）、「正確には第4遺構面の調査になる。上層に比べ撹乱による影響も半分以下で、比較的良好な状態で遺構が検出された。検出された遺構は、側柱礎石列・石組溝（SD－01）・井戸・裏木戸・土蔵跡で、全体に2〜50㎝ほどの焼土層に覆われていた。遺構面は安定感がなく緩やかに凹凸し、特に北東部分（土蔵跡付近）は落ち込んでいた。また、地中に沈み込んでいる礎石もあった。側柱礎石列から3軒の町家が確認された。また、正保4年の絵図では、下村邸は東に間口（街道筋、横町）を向けているが、検出された町家の間口は北（縦町）を向いていた。町屋が少なくとも3軒あること、間口が北に向いていることなどから、検出された遺構は、正保4年以前の状況を示していることが確実となった。このことから、長浜城下町は、森岡氏の推定どおり当初は縦町形式であったことが裏付けられた。町家1は間口約24.3ｍ、奥行き17.3ｍ、面積約420.39㎡の敷地を有し、北東角に土蔵を設け、庭？を挟んで西半分に間口約8.9ｍ奥行き約17.3ｍ、床面

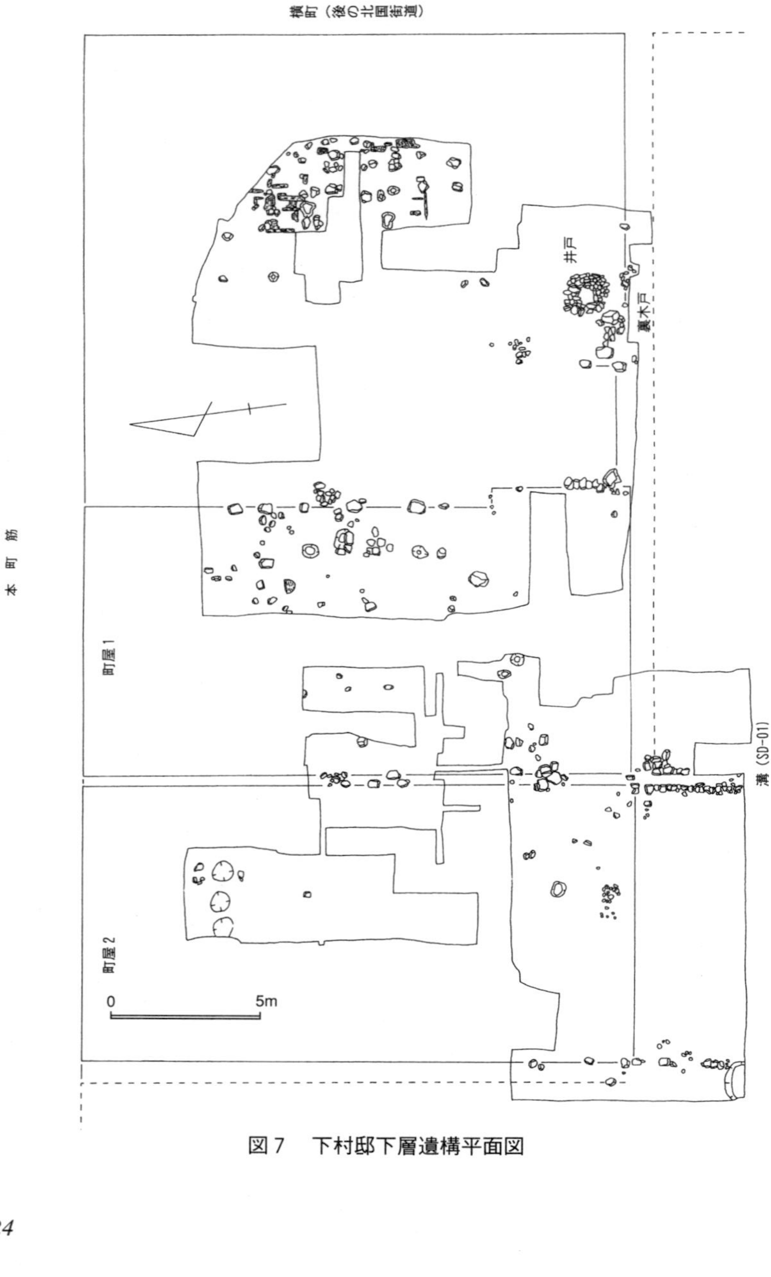

図７　下村邸下層遺構平面図

積約153.79㎡の町家を配している。邸内のＫ・Ｌ・Ｍ区からは多数の陶磁器類が出土し、土蔵跡のＰ・Ｒ区からは、国産・貿易陶磁(図８)、緡、灰匙、米、豆、布等が出土した。遺物の様相・量からみて、初期下村邸と推定される。

町家２も町家１と同規模で間口9.0ｍ奥行き17.3ｍ、床面積約155.7㎡の町家である。敷地面積は、奥行きが約45.0ｍあることから、約405.0ｍと推定される。間口付近に樽の痕跡が確認された。出土遺物は少ないが、白磁・青花も小量出土した。町屋３は間口は不明だが、奥行きは町家１・２と同程度、もしくはそれ以上と考えられる。前述のように遺構面は全体的に焼土層に覆われていたが、礎石の中には焼けて脆くなったものもあった。焼土層内には土蔵跡の根太材以外の焼けた木材はなく、壁の破片が多く含まれていた。遺物は著しく二次焼成を受けていたものと全く受けていないものとが混在していた。江戸後期までの土層が良好に観察できる土蔵跡付近の層位を観察すると、第４遺構面が焼土層に覆われる前、部分的ではあるが砂層の堆積がみられること、第４遺構面を覆う焼土層の直上に第３遺構面を形成する整地層があるのだが、この整地層が、著しく波打ち、さらに5〜10㎝ほどの焼土層に覆われていた。この２層の焼土層が生じた理由は、調査当時は明確にできなかったが、その後、秋田裕毅氏、寒川旭氏の助言を得て、遺物・遺構の状況を検証した結果、第４遺構面は天正13年(1585、1586)に発生した天正大地震の被災跡であること、それを覆う焼土層は、直後に発生した火災によるものであること、第３遺構面は、寛文２年(1662)に発生した琵琶湖西岸地震の被災跡であることを断定するに至った。」(『シンポジウム近世城下町の諸相　発表資料』「長浜城下町の構造」より)となっています。

この様に、地震の痕跡によって当時の生活面が綺麗に土中にパックされたことから、①文献資料との裏付け、②城下町有力者層の生活分析、③土器編年研究、④地震考古学の応用、等ができる訳です。ちなみに、長浜ではマグニチュード7.9(『滋賀県災害誌』による)であったとされています。近年の地震では阪神・淡路大震災と同じくらいの震度が想定されますが、この地震は、２つの震源をもつ未曾有のものだったと言われています。

図８　長浜町遺跡出土遺物（青花磁器）

②　吉川三左衛門邸　長浜町遺跡第18次調査

吉川三左衛門も、十人衆の１人で船町に居住しており、浅井郡早崎の出と伝えられます。秀吉の時代に長浜に移り、町年寄となり、太閤検地にも尽力したとされます。また、秀吉の朝鮮侵略(文禄の役)では湖上米運送を統括し、近世以後は、井伊氏より破格の待遇を受けて長浜港の港務を監督しています。この家も当主世襲制で、代々三左衛門を名乗ります。

では、発掘調査の成果について説明しますと、平成13年度に長浜幼稚園の園舎増築工事の事前調査として実施しました(図９)。調査区は、南北13.5m、東西４mで面積は54㎡です。調査地は、吉川三左衛門邸の西側を中心として進められ、すぐ隣りは長浜城の外堀となるところで、近世には船の通る水路として活用されていました。これは、『吉川三左衛門文書』「書状之留」では三六という青年が、元禄８年４月24日、古殿町の畑に茶摘みにでかけ、誤って堀に落ちて水死したということ。同文書の文久年間の記述では「早船を新たに造り、古城跡まで乗り入れ」たとあって、長浜城の堀は水深が深く江戸時代の永きにわたり活用されていたということになります。

また、伝承で水路(堀)から揚げられた物資は、馬の背に乗せられて運ばれたとあり、これを裏付ける形で、第２遺構面(江戸時代中期頃)から馬の足跡が見つかりました。足跡は、水路の手前から東西方向の運動性がみられ、明らかに運搬を助けるものとなっていました。

さて天正期(第４遺構面)は、下村邸とは違い焼土がなく、溝で区画された遺構と、南北に並ぶ石列が見つかりました(写真6)。石列はおそらく建物の基礎石として使われていたと考えられ、調査区では７mの範囲で確認されました。また、石列の北端から5.5mの所から噴砂と、石組が崩れ落ちた痕跡がみられました。しかし、下村邸と違い石列は火を受けていませんでした。この面からは、土師器、信楽焼、常滑焼が出土していて、それぞれの土器編年に合わせると室町後期頃になります。また区画された溝の中から、貿易陶磁としては、１点のみ青花磁器の丸碗が出土しました。

これらのことから、下村家と同じ十人衆でありながら、出土する遺物(土器・陶磁器)は国産品ばかりで、安易に手に入れやすいものであったと言えま

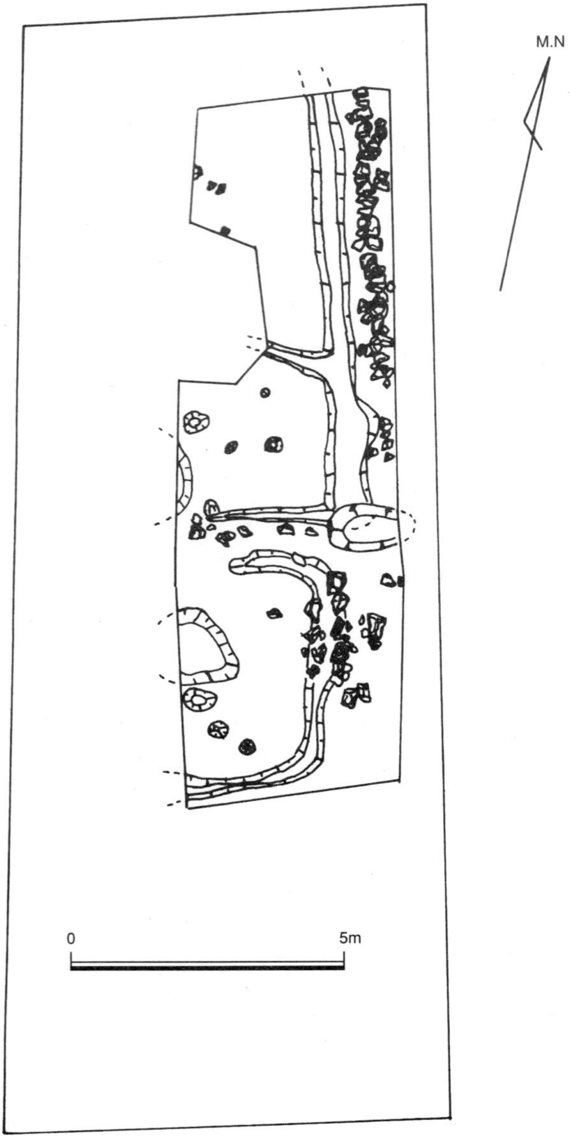

図9　吉川邸下層遺構平面図

す。しかし、吉川邸の中心部分での発掘調査ではなく、しかも西側寄りであったため、下人・奉公人等の生活スペースであったのかもしれません。さらに、天正大地震にみられる火災の痕跡がないことは、ルイス・フロイスの記述とは少し違ってしまいます。これは、阪神・淡路大震災にもみられましたが、家屋には全壊と半壊、火災で焼失等の格差がみられることです。おそらく天正大地震では、半壊程度で済んだ家屋、火災を免れた家屋もあったと考えられるのです。もちろん、それは地形的な制約なども含めなければなりません。

写真６　吉川邸下層遺構平面

写真７　家紋入り瓦出土状況

長浜城のところでフロイスについては述べましたが、もう一度みてみると「近江の国の城下町で長浜と呼ばれる所には、千戸の家があったが、地面が揺れて裂け、家屋の半数が人と共に呑み込まれ、残った半数も同時に失火して炎に包まれ灰に帰した。(略)美濃の国に大垣という名で呼ばれる有名な城が山の上にあったが、地震が始まると、城が倒れ、山は沈んで見えなくなって行き、完全に消えてその跡には湖だけしか残らなかった。伊勢の国では、別の大地震があり亀山と呼ばれる城は、そのさなかに混乱を来たし滅びた。

これらの国々においては、地面に大きな亀裂が入り、大きなものは長さが小銃の射程ほどもあり、これらの裂け目から、一種の泥というか細い細かい泥が吹き出し、臭気がひどく、道行く人はこれに耐えられないほどである。」(ルイス・フロイス　有泉博訳『十六・七世紀イエズス会日本報告集』「1586年10月17日付、下関発信、ルイス・フロイスのインド管区長アレシャンドゥロ・ヴァリニャーノ宛書簡」)とあり、長浜については少し誇張したようなところがあります。また、大垣城、亀山城の被災のすごさをみると、かなりの大地震であったことが想像できます。木舟城以外にも、全国的に被災していたことがよくわかります。さらに、裂け目からの泥とは噴砂のことと考えられます。私も、西宮の実家が阪神・淡路大震災で半壊した時、町中には噴砂が吹き出し、その悪臭と砂ぼこりにより喉を痛めました。

また、内ヶ島氏理居城の帰雲城をみると『飛騨鑑』に「内ヶ島之前大川有之候、其向に高山御座候而、亦其後に帰雲と申高山御座候、右之帰雲之峰二つに割、前之高山並大川打越、内ヶ島打理申候、人一人も不残、内ヶ島の家断絶」となっており、山の崩壊で城と城下町が壊滅していることからも、この大地震のすごさを知ることができます。

さらに、深度7とはどの位のものかということについてですが、「気象庁震度階級関連解説表」(表1)では、人間は「揺れにほんろうされ、自分の意志で行動できない」。屋内状況は「ほとんどの家具が大きく移動し、飛ぶものもある」。屋外の状況は「ほとんどの建物で、壁のタイルや窓ガラスが破損、落下する。補強されているブロック塀も破損するものがある」。木造建物は「耐震性の高い住宅でも、傾いたり、大きく破壊するものがある」。地盤・斜面は「大きな地割れ、地すべりや山崩れが発生し、地形が変わることもある」。というもので、言葉よりも、体験してみなければわかりにくいところもあります。例えば、地震発生装置の体験シュミレーション、地震記録フィルムからの検討や、私のように被災体験者からの聞き取り調査、フィールド調査などが考えられます。

このように見ていくと、地震の痕跡を遺跡で確認し、実際の記録との比較や当時発生した地震の推定震度と、近年実際に発生した地震で震度が一番近

計測†1 震度	震度階級	人　間	屋内の状況	屋外の状況	木造建物	鉄筋コンクリート造建物	ライフライン†2	地盤・斜面
4.5	5弱	多くの人が、身の安全を図ろうとする。一部の人は、行動に支障を感じる。	つり下げ物は激しく揺れ、棚にある食器類、書棚の本が落ちることがある。座りの悪い置物の多くが倒れ、家具が移動することがある。	窓ガラスが割れて落ちることがある。電柱が揺れるのがわかる。補強されていないブロック塀が崩れることがある。道路に被害が生じることがある。	耐震性の低い住宅では、壁や柱が破損するものがある。	耐震性の低い建物では、壁などに亀裂が生じるものがある。	安全装置が作動し、ガスが遮断される家庭がある。まれに水道管の被害が発生し、断水することもある。(停電する家庭もある。)	軟弱な地盤で、亀裂が生じることがある。山地で落石、小さな崩壊が生じることがある。
5.0	5強	非常な恐怖を感じる。多くの人が、行動に支障を感じる。	棚にある食器類、書棚の本の多くが落ちる。テレビが台から落ちることがある。タンスなど重い家具が倒れることがある。変形によりドアが開かなくなることがある。一部の戸が外れる。	補強されていないブロック塀の多くが崩れる。据付けが不十分な自動販売機が倒れることがある。多くの墓石が倒れる。自動車の運転が困難となり、停止する車が多い。	耐震性の低い住宅では、壁や柱がかなり破損したり、傾くものがある。	耐震性の低い建物では、壁、梁（はり）、柱などに大きな亀裂が生じるものがある。耐震性の高い建物でも、壁などに亀裂が生じるものがある。	家庭などにガスを供給するための導管、主要な水道管に被害が発生することがある。(一部の地域でガス、水道の供給が停止することがある。)	
5.5	6弱	立っていることが困難になる。	固定していない重い家具の多くが移動、転倒する。開かなくなるドアが多い。	かなりの建物で、壁のタイルや窓ガラスが破損、落下する。	耐震性の低い住宅では、倒壊するものがある。耐震性の高い住宅でも、壁や柱が破損するものがある。	耐震性の低い建物では、壁や柱が破壊するものがある。耐震性の高い建物でも壁、梁（はり）、柱などに大きな亀裂が生じるものがある。	家庭などにガスを供給するための導管、主要な水道管に被害が発生する。(一部の地域でガス、水道の供給が停止し、停電することもある。)	地割れや山崩れなどが発生することがある。
6.0	6強	立っていることができず、はわないと動くことができない。	固定していない重い家具のほとんどが移動、転倒する。戸が外れて飛ぶことがある。	多くの建物で、壁のタイルや窓ガラスが破損、落下する。補強されていないブロック塀のほとんどが崩れる。	耐震性の低い住宅では、倒壊するものが多い。耐震性の高い住宅でも、壁や柱がかなり破損するものがある。	耐震性の低い建物では、倒壊するものがある。耐震性の高い建物でも、壁や柱が破壊するものがかなりある。	ガスを地域に送るための導管、水道の配水施設に被害が発生することがある。(一部の地域で停電する。広い地域でガス、水道の供給が停止することがある。)	
6.5	7	揺れにほんろうされ、自分の意志で行動できない。	ほとんどの家具が大きく移動し、飛ぶものもある。	ほとんどの建物で、壁のタイルや窓ガラスが破損、落下する。補強されているブロック塀も破損するものがある。	耐震性の高い住宅でも、傾いたり、大きく破壊するものがある。	耐震性の高い建物でも、傾いたり、大きく破壊するものがある。	(広い地域で電気、ガス、水道の供給が停止する。)	大きな地割れ、地すべりや山崩れが発生し、地形が変わることもある。

†1　計測震度とは、その地点における揺れの強さの程度を数値化したもので、震度計により計測されます。一般に発表される震度階級は計測震度から換算されます。
†2　ライフラインの（　）内の事項は、電気、ガス、水道の供給状況を参考として記載したものである。

表1　気象庁震度階級関連解説表（平成8年2月）

い値で、被災した地形等もよく似かよった場所との比較検討もしなければならないのではないでしょうか。もちろん、地震考古学、地震学などの専門家の協力がなければならないでしょう。

③　伝羽柴秀勝墓　長浜町遺跡第37次調査

羽柴秀勝は、秀吉の第1子と伝えられ天正4年(1576)に5才で病死したと伝えられます。母は側室南殿で『竹生嶋奉加帳』にその名前がみられます。南殿という名前は長浜城の南に住んでいたことからと伝えられ、また同文書には、秀勝の幼名とみられる石松丸という名前があります。

そして、妙法寺(大宮町)には秀勝の菩提寺として伝承墓、肖像(写真8　昭和20年代に消失)、菩提を弔うため供養料として所領の寄進をしたと伝える「天正14年12月8日付　豊臣秀吉寄進状」『妙法寺文書』があります。

発掘調査は伝承墓の移築(御霊屋と墓石)に伴う事前調査として、平成14年度に実施しました(図10)。調査範囲は、墓所のみに限定して南北4m、東西5mで面積は20㎡でした。御霊屋と墓石を撤去したところ、土まんじゅう状の盛り上がり(灰茶色極細砂土)がありました。その中央に十文字トレンチ(幅15㎝)を設定して調査を進めました。0.9mまで掘削したところ、10層の人為的な土ブロックの積み上げが認められ、灰白色微砂土からは安土桃山時代頃の土師器皿片、陶器天目茶碗片が出土しました。上層からは、江戸中～後期頃の陶器、磁器や、銅銭、不明鉄製品の出土があり、おそらく何らかの理由で、中世の土まんじゅう墓に、近世において盛り土がされたものとみられます。なお、発掘調査は継続して進められています(平成15年8月現在)。このことから、秀勝が実在した可能性が高まりました。

次に、古文書等からの考察をしたいと思います。

秀勝が五才で、あるいは七才で夭折した日付は天正4年(1576)10月14日と伝えられていて、翌日に供養料として寄進を受けたという文書は徳勝寺(平方町)で「三十石」、同月22日に知善院(相生町)の『知善院日記』では「寺領三拾石拝領之事天正四年十月十四日秀吉公御子息次郎様御早逝被成候其節焼香諷経被仰付」で「三拾石」、妙法寺では『妙法寺文書』の「天正14年12月8日寄進状」があり「合三拾石余」で秀吉の朱印がみられます。共通することは、３ヵ所とも30石ということです。

しかし、徳勝寺が逝去の翌日に寄進を受け、８日後には知善院、10年後に妙法寺とばらつきがあります。妙法寺は墓所もあるので、翌日には寄進されていなければ話にならないのです。これは、おそらく『知善院日記』の「天正十九年下八木村田村両所ニ而合三拾石御朱印地ニ被成下候」ということから後年の寄進が『妙法寺文書』に記述されていて、本来の仏供養料を示した寄進状は、未発見か、散逸か、昭和20年代の火災で焼失した可能性があります。

次に、秀勝の幼名にもばらつきがあります。先にあげた『知善院日記』には「次郎様」、同寺にある天正４年10月14日の位牌には「小次郎秀勝」、徳勝寺の位牌は「次郎秀勝」とあります。また、『竹生島奉加帳』には母「南殿」の名とともに「石松丸」という男児とみられる名があり、これが秀勝の幼名であるとする説があります。まず、「次郎」と「小次郎」は聞き間違いによって表記されたのではないでしょうか。ＪＩＲＯＵ、ＫＯＪＩＲＯＵですから、最初のKOの発声は、強く発声しなくても聞き取ることは可能と思われます。

しかし、ＪＩＲＯＵの場合最初が強い濁音になるため、もっと聞き取りしやすいものとなるはずです。また、想像を豊かにすれば、小さな子供の次郎なので、周りのものが愛称として小次郎と呼んでしまったのかもしれません。

石松丸については、桑田忠親氏の研究では秀勝と同一人物とされていますが、これを裏付けるだけの資料は今のところはありません。氏は「秀吉の長男をめぐる謎」で「長浜の古寺の伝説」から推理されているので、『竹生島奉加帳』と伝説だけでは同一人物とは言い切れません。

また、名前の問題として側室に生ませた最初の男子であるのに、次郎と名付けられたのは何故かということです。これは、次郎という名が間違いなく幼名であるとされた場合ですが。

次に肖像(写真８)ですが、寺伝によると幼少時の産着を基にして作られたとあり、画像の上部には法華経の「譬喩品」「方便品」が書かれ、向かって左側に「本光朝覚居士」、右側に「天正４丙午暦10月４日」、日付の下には「一」(桑田氏はこれを花押ではないかとしている)という字がみられます。桑田氏は「それは、五、六歳ぐらいの年かっこうの、可愛らしい稚児が、小袖を

写真8　伝羽柴秀勝像(妙法寺蔵)

着、袴をはき、右手に扇子を持ち、上段の間に安座している姿を描いたものである。(略)服装からすると、おそらく、袴着の儀式を行なった際の、晴れ姿を写したものと思われる。袴着は、三歳から七歳くらいまでの間の幼児に行われる武家社会の儀式であって、赤ん坊から幼年に達したことをするものらしい。その晴れの儀式の姿を描いた羽柴秀勝の画像に、秀勝が死んでから、画像の上に、法名と死没年月日を貼りこみ、表装を仕直して妙法寺に納めたものであろう。」という考察を展開しています。さらに私から付け加えるなら、顔立ちは桃山時代の女性の画にみられるような綺麗なもので、安座は幼子で足を組むことが難しかったため、右足が前に出て、左足が後ろにあるとみられます。

また、桑田氏が花押とする「一」の字については根拠がありません。しかし、もし花押とするならば、①秀吉の長子のため「一」とした。②「一」ならば幼少でも書きやすい、ということが考えられます。

墓石(図10)については、高さ64cm、横幅8cm、幅20cmの小ぶりな一石五輪塔です。正面には「南無妙法蓮華経本光院朝覚居士」側面には「天正四年」の死没年号がみられます。また正面の法号文字には、金箔が施された痕跡があり、豊臣家の黄金政策をほうふつさせます。過去の墓石研究からみて、石田茂作氏の「題目式笠塔婆」にあたり、時期も室町時代後期頃のものと考えられます。法号については、各寺に残る古文書とほぼ一致します。知善院と徳勝寺は「朝覚大禅定門」とあります。

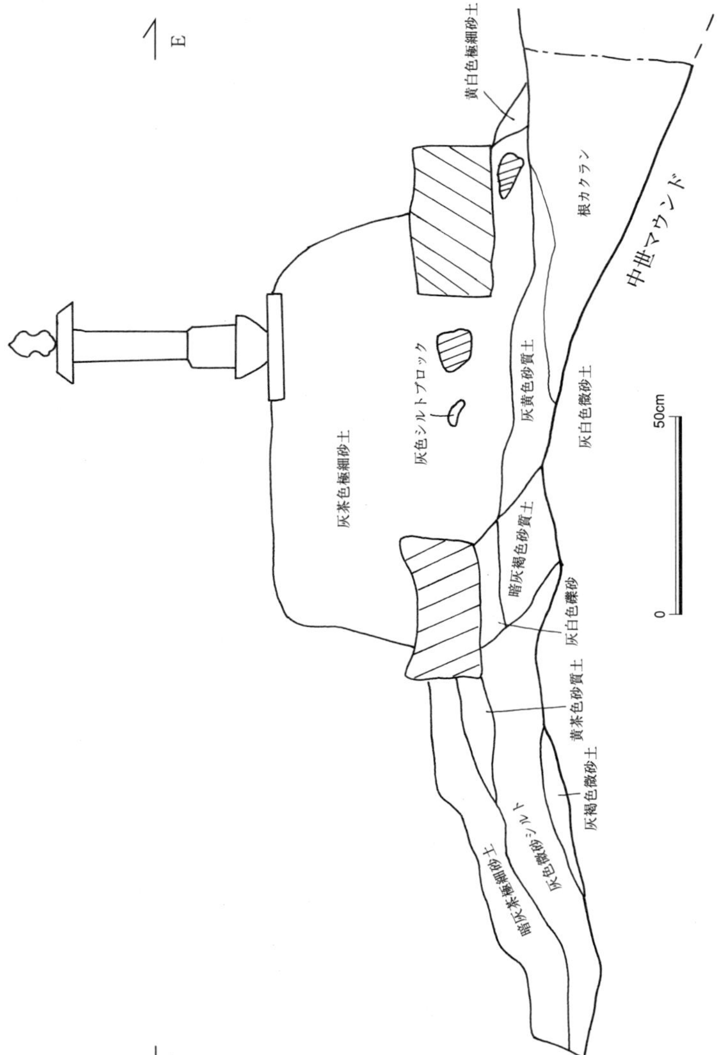

図10　伝羽柴秀勝墓断面図
（『木舟城シンポジウム解説図録　戦国の終焉』福岡町教育委員会 2002 より）

そして、秀吉が秀勝の菩提を弔うために寄進を行った、知善院、徳勝寺、妙法寺はもともと小谷城下にあった寺で、秀吉の小谷入城、長浜城下町建設に大きく関わっていた古刹とみられるのです。また、寄進する石高もほぼ30石で統一されていて、一つの寺院に偏ったものではありません。おそらくは寺院に対する秀吉の懐柔策であったかも知れません。

さらに、秀勝墓の位置(図５)ですが、妙法寺の北東位置、すなわち鬼門にあります。一般的に民俗学の研究者は、魂のある所とか聖なる位置と呼ばれるところに鎮座することを指摘しています。現在、妙法寺は近代以降において周辺の土地を切り売りしているので、寺院と秀勝墓は飛び地になっています。

この様に、秀勝について考えてみましたが、この後信長からの養子の於次丸、姉からの養子の小吉も秀勝を名乗らせました。よほど秀吉はこの名に執着していたとみられます。おそらく最初に、実子で秀勝という子がいて早死にしてしまったために、養子には思い入れのある名を付けたのかも知れません。それは、自分の正当な後継者(猶子)としての証であったとみられます。それは、秀吉書状との連署等からもうかがうことができます。しかし、秀頼の子である国松丸も秀勝と呼ばれていたと『大坂御陣覚書』にあり、歴史上４人の秀勝がいたことになります。となれば、豊臣一族にとって大切な思い入れのある名であったということが考えられそうです。

長浜城下町の調査は、まだ始まったばかりと言えます。有力者の屋敷跡だけでなく、一般的な町人屋敷跡、武家屋敷跡などが今後の調査で明らかとなるでしょう。それによって、秀吉城下町の研究はさらに進むものと考えられます(図 11)。

６．石黒成綱について

最後に、長浜市と福岡町を結ぶ人物、石黒成綱についてみてみましょう。

『信長公記』の記述では、長浜に宿泊していた時に、異常を察知し逃亡を図ろうとして、丹羽長秀の軍勢に攻め殺されたことなっています。しかし、長浜には宿泊した場所も、討ち取られた場所も伝承されてはいません。これからの研究の必要があり、新資料の発見を待たねばなりません。おそらく長

図11　長浜城下町復原図(※イラスト　佐々木洋一氏)

浜城下町のいずれかで、情報を察知しやすい大手道沿いの大手町、あるいは本町あたりが有力かも知れません。

ここで注目すべき点は、丹羽長秀が謀殺に関わったということです。しかも、同じ織田系大名の羽柴秀吉領の中心ともなるべき、長浜を素通りして攻勢を展開しています。この場合、秀吉に対する所領通過等の許可を得るべきでしょうが、それを示す文書は今のところありません。最初からこの謀殺に秀吉が関わり、実行に移したのが丹羽長秀であるのならば、文書は最初から作成されなかったとみるべきではないでしょうか。

本稿をまとめるにあたり、福岡町教育委員会の皆様の温かいご配慮と、発刊に対し最後まで尽力して下さった栗山雅夫氏、ご協力、ご助言いただきました太田浩司氏、森岡栄一氏、畑 美樹徳氏、徳勝寺様、記して感謝致します。

参考文献

『知善院日記』『豊鑑』『南部文書』『竹生島文書』『妙法寺文書』『信長公記』『播磨鑑』『江北記』『天正記』『太閤記』

丸山雄二　「長浜城下町の構造」『シンポジウム近世城下町の諸相』長浜文化財シンポジウム実行委員会　2000

森岡栄一　「長浜築城と町づくり」『長浜市史』第2巻　長浜市　1998

吉成 勇編　『豊臣一族のすべて』新人物往来社　1996

木戸雅寿　「近江における織豊期城郭の礎石立建物について」『織豊城郭』第8号　織豊期城郭研究会　2001

『姫路市史　第十四巻　別編　姫路城』姫路市史編集専門委員会　1988

桑田忠親　「秀吉の歴史的評価」『豊臣秀吉のすべて』新人物往来社　1981

桑田忠親　「秀吉の長男をめぐる謎」『桑田忠親著作集5 豊臣秀吉』秋田書店 1979

太田浩司　「長浜の発展」『長浜曳山祭総合調査報告書』　長浜市教育委員会、長浜　曳山祭総合調査団　1996

西原雄大　「長浜城と城下町、秀勝墓について」『豊臣家シンポジウム資料』　長浜文化財シンポジウム実行委員会　2003

西原雄大　「長浜城について」『長浜市埋蔵文化財調査資料第41集』長浜市教育委員会　2002

西原雄大　「長浜城下町について」『木舟城シンポジウム解説図録　戦国の終焉』福岡町教育委員会　2002

BRUCE A. BOLT　金沢敏彦訳　『地震』東京化学同人　1997

松田毅一監訳　有泉 博訳　「一五八六年十月十七日付、下関発信、ルイス・フロイスのインド管区長アレシャンドゥロ・ヴァリニャーノ宛書簡」『十六・七世紀　イエズス会日本報告書』第Ⅲ期第7巻　同朋舎出版　1994

寒川 旭　「戦国時代の地震考古学」『戦国時代の考古学』高志書院　2003

石田茂作　『日本佛塔の研究』1969

日野一郎　「笠塔婆」『古代』1953

補　　論

秀勝は長子であるのに、なぜ次郎であったのかという疑問が頭をかすめてしまい、悩み続けましたが、長浜市で行った豊臣家シンポジウム（平成15年8月23日・24日）の頃には、一つの結論に達しました。

それは、秀勝誕生以前に夭折の長子が存在していたのではないのか、という考えです。『爛柯堂棋話』という江戸時代に林元美が著したものには、お禰に子供ができなかった理由が載せられているのです。それは、秀吉と結婚してすぐに懐妊したのですが、貧しさから灸をすえて流産するというものです。そのあとにも懐妊するのですが、合計で３人の子を流産したということで、とうとうお禰は子供を産めない体になってしまったという悲劇的結末になりました。とすると、流産した３人のうち２人は娘で、１人は男子であった可能性があります。その男子こそが羽柴家の真の長子であったと言えそうですが、『爛柯堂棋話』は江戸時代のもので、秀吉の生きた安土・桃山時代と、没直後の江戸初期に著されたものではないので、信憑性は低いのです。しかし、思いつきのみで林元美がまとめたとは言いきれないでしょう。これを補強するような史料の発見を期待したいものです。

また次郎を、『広辞苑』(第三版)でみると①第２番目の男子。②男女を問わず第２子、また次位にあるもの。となります。

そして、イエズス会が日本の布教のため宣教師にむけて17世紀初頭に著した『日葡辞書』で、次郎という子供の名前はありませんが、「Xatei 舎弟、年下の兄弟。Vototo 弟、年下の兄弟。NinoMiya 二の宮、国王の第２王子。Iinan 次男、２番目の息子」というものがあります。

以上から、16世紀後半頃には次男、舎弟という表現は一般化されていたことがわかり、２番目の息子を表す言葉になります。とすれば、次男であるからこそ次郎となるのかも知れません。

さらに、南殿が産んだ子供は２人とも男子で、秀勝より先に夭折した兄が存在したという説もあります。しかし、これは題材となるような史料もないのです。

墓石、古文書から秀勝の存在をほぼ裏付けることができたのに、次郎の謎だけが残りますが、今後の秀勝研究進展のために論点を提出するのならば、①次郎秀勝誕生以前に夭折した長子が存在した。②その長子はお禰が出産していた可能性がある。という２点をあげておきます。

木舟城の地震考古学

産業技術総合研究所　寒川　　旭

1．地震の素、活断層

先ほどから天正の大地震が話題になっていますけれども、地震の多くは活断層から発生します。ですから、活断層について少し紹介しようと思います。

図1です。この図で太い実線で示しているのが活断層です。活断層は岩盤にできた傷なので、まっすぐ伸びています。日本列島というのは水平方向から強い力で押されていまして、その傷のところがときどきバリッと壊れます。これを「活動した」といいます。そのときに地面がブルブルッと震えて、これに私たちが「地震」と名前を付けているわけです。

天正大地震について、先ほど、マグニチュード8クラスと言われましたが、やはり大きな活断層が活動しているのです。図の中で、金沢の少し南に「m」と書いてあります。これは御母衣断層といいます。もう少し下に「d」と書いてあります。これは阿寺断層です。この2つの断層が天正13年11月29日(1586年1月18日)の午後10時すぎにバリバリッと活動しました。

もう1ヵ所あります。今度は、伊勢湾の少し北に「y」と書いてある養老断層、下に「ky」と書いてある桑名・四日市断層、これも一緒に活動したのです。場所が離れた非常に大きな断層が一緒に動いたから、広い範囲の地震になったわけです。

2．富山を襲った大地震

この天正大地震は、日本の歴史の中で、つまり最近千数百年の文字で書かれた記録が残っている時代の中で、陸上で起きたものとしては最大級の地震だったわけです。ですから、ものすごく広い範囲が激しく揺れたし、大きな被害を生んだわけです。

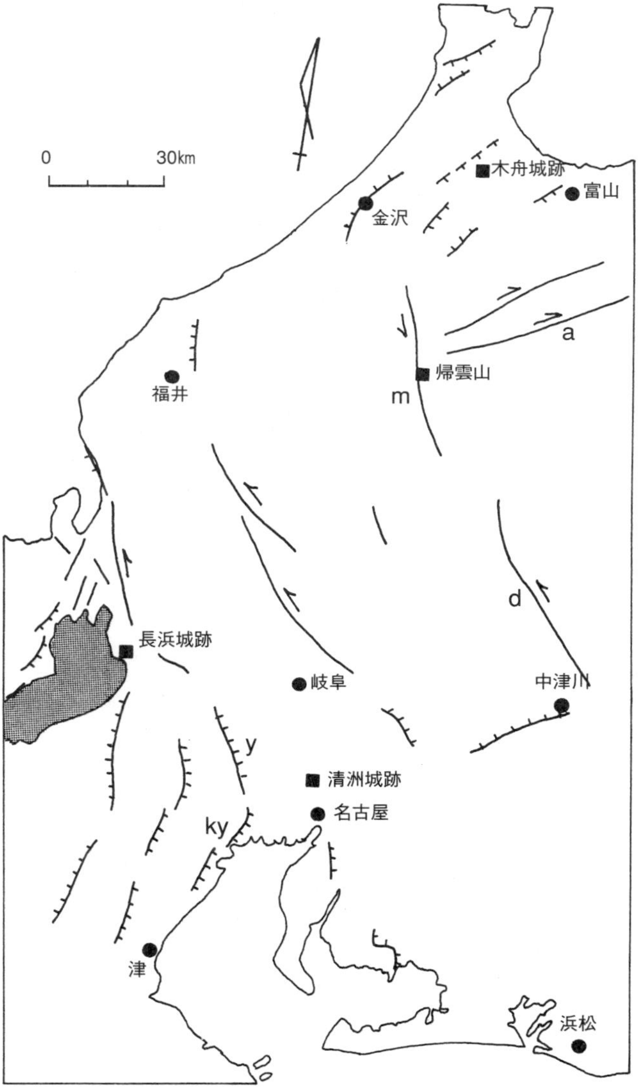

図１　活断層の分布図
a 跡津川断層　m 御母衣断層系　d 阿寺断層系
y 養老断層　ky 桑名・四日市断層

富山県にはもう一つ大きい地震があります。安政5年2月26日(1858年4月9日)の午前3時頃に発生して、飛越地震と呼ばれています。これを引き起こしたのは、この図で言うと、右上に「a」と書いた跡津川断層です。飛越地震は富山県を狙い撃ちしたようなものですが、マグニチュードは7.1くらいと言われていて、そんなに大きくはないのです。阪神・淡路大震災はマグニチュード7.3でしたが、これより少し小さいくらいです。

阪神・淡路大震災を起こした兵庫県南部地震というのは、大地震の中でも小さいぐらいの地震だったのですが、淡路島と神戸が直撃を受けました。飛越地震の場合は富山県を直撃しましたから、富山平野はかなりの被害を受けたわけです。後で地震の痕跡をいろいろお見せしますけれども、富山平野で探しますと、地震の痕跡はむしろ1858年の方が多いのです。震度でいうと天正大地震も飛越地震も、この福岡町内では、少なくても6以上はありました。人が立っていれないくらいの揺れがあったということです。

3．写真でみる地震の痕跡

次は、写真を中心にして順番にいろいろな事例をお見せします。

写真1　これは噴砂といいまして、阪神・淡路大震災のときに見られたものですが、割れ目を通って砂が地面に流れ出してきた痕跡です。割れ目のことを砂脈といいます。そして、遺跡の発掘調査をすると、この痕跡がいろいろなところから出てくるのです。

図2　これは京都の遺跡で見つかったものですが、下から砂が上がってきて横に広がっています。これは、当時の地面に噴き出してきた噴砂です。噴砂を発生する現象を液状化現象といいます。

ちょうどこの砂が広がった面より下の地層からは、南北朝から室町時代の遺物がたくさん出てきます。ところが、この噴砂の直上から江戸時代の遺物に変わります。ということは、室町から江戸に変わる時代に大地震があったということです。そして古文書の記録から、これは文禄5・慶長元年閏7月13日(1596年9月5日)の午前零時に起きたもので、秀吉が造ったばかりの伏見城がつぶれてしまったことでよく知られる、慶長伏見地震のときの痕跡とわかりました。

写真2　下の方を見ると、砂の層があって、上を覆う粘土を引き裂いて砂が地面に噴き出してきています。なぜこのような変な現象が起きるのかということですが、原理はすごく簡単です。

写真1　兵庫県南部地震で流れ出した噴砂
（以下、写真はすべて寒川撮影）

この砂の層ですが、柔らかくて砂粒の間は隙間だらけです。砂は、川が運んできてたまった直後は隙間だらけですごく柔らかいのです。ちなみに、長い年月が経って隙間がなくなったのが岩石です。そして、柔らかい砂層が激しく揺すられると砂粒が動きます。動くときにちょっとでも安定しようと思って、隙間を小さくするように動いていきます。そして、地層が縮んでいきます。

ところが、砂層の中に地下水がいっぱい満たされていると、地下水の方はぎゅっと押されて水圧が上がります。水圧が上がって辛抱ができなくなると、上の地層を引き裂いて地面に水が逃れてくるわけです。こういうふうに、噴砂は柔らかい砂層を満たしている地下水の水圧が急に

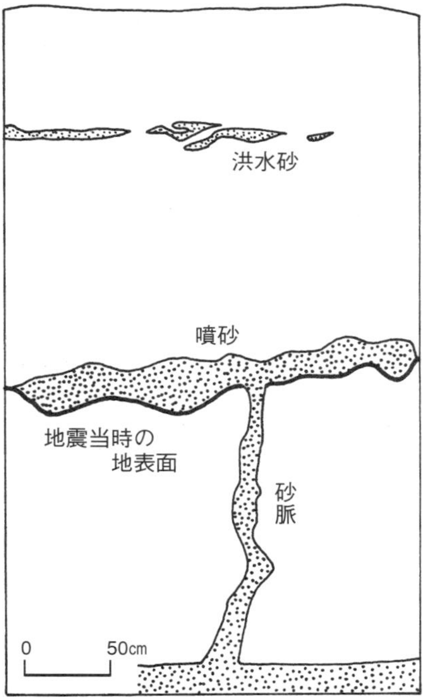

図2　液状化現象の断面図
（木津川河床遺跡　京都府埋蔵文化財調査研究センター調査）

写真２　砂礫層から上昇した噴砂
（木津川河床遺跡　京都府埋蔵文化財調査研究センター調査）

高まることによって発生します。

写真３　これは富山県の事例で、開辟大滝遺跡で見つかったものです。木舟城下町の遺構がたくさん出てきた遺跡ですが、これは石組みの井戸です。この井戸を引き裂くように噴砂が噴き出してます。

これを見ますと、かつて木舟城下町が繁栄していて、その後で大きな地震があって井戸が引き裂かれたということがはっきりわかります。

写真４　井戸跡を断ち割ってみました。噴砂が真下から上がってきていると思ったのですが、横から来ています。横から浸入して石組みを上下に引き裂いて、真ん中まで行って、今度は上へ向かって噴き出しています。ですから、

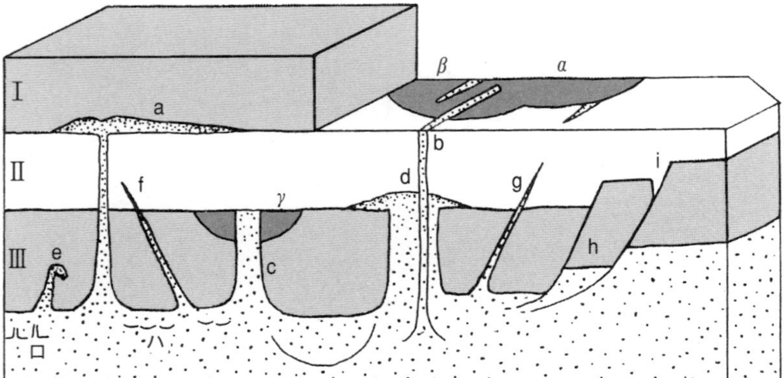

図３　液状化跡の模式図

液状化した砂は垂直にも動くし横にも動くし、非常に自由な動き方をすることがわかります。

写真5　これは富山県石名田木舟遺跡で見つかったもので、地面を引き裂いて噴砂が噴き出した痕跡です。ものすごく激しい、震度6以上の揺れが確実にあったという証拠が、遺跡の調査からはっきりわかったわけです。この写真のように、砂の詰まった細長い割れ目を砂脈と呼んでいます。

写真6　これは貴重な事例で、富山県富山市の金屋南遺跡から見つかりました。ここに幅数cmの砂脈がありまして、砂が噴き出しています。今度は濃い白の砂脈(幅約2cm)がここにもう1本あります。これをずっと壁面で調べていきますと、前者が天正年間ぐらいの時代にあたります。後者は、もっとずっと上の方まで来て、幕末の面まで達しています。太い方がたぶん天正の大地震、細い方が飛越の大地震です。先ほど、富山県は2つの大地震に見舞われたと言いましたが、このことが一目瞭然にわかるわけです。

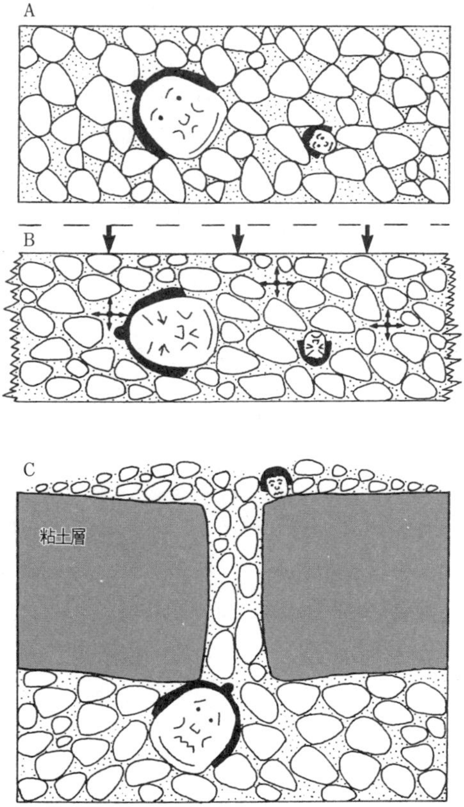

図4　液状化現象と噴砂流出のメカニズム
A．地震発生前の状態
B．地震が発生した
激しい地震動によって地層が収縮する
C．液状化現象の発生によって、地下水が
砂、礫(小石)とともに流れ出す

写真7　これは富山県高岡市で見つかったものです。本来は水平に堆積していた地層が、グニャグニャに変形しています。上を覆う地層は全く正常で

写真３　木舟城下町の石組み井戸を
引き裂く砂脈
（開辟大滝遺跡　富山県文化振興財団調査）

写真５　細長く続く砂脈
（石名田木舟遺跡　富山県文化振興財団調査）

写真４　写真３の断面形

す。天正年間ぐらいに地面の近くでたまった柔らかい地層ですが、地震でチャプチャプと揺れて地層がこういうふうに乱れたわけです。こういう痕跡も出てきています。

写真８　今度は、先ほど、栗山さんからご紹介がありましたが、木舟城の推定地を掘ると出てきた地滑りの痕跡です。写真の黒い粘土層がもともとは水平に一つづきだったのですが、右側がズルリと滑り落ちました。地下で液状化現象が起きたことによって、水圧が高まって、粘土層の下にある砂がたまたま上へ行かずに横へ動いたのだと思います。砂が横へ動いたために上の地層が切断されて、こういう食い違いが生じたのです。

写真９　これは富山県高岡市で見られたもので、飛越地震の痕跡です。かなり幅広い砂脈がのびていますが、大きなものは１ｍ近い幅をもち、数十cmぐらいの幅の割れ目がたくさんありますから、かなり強い揺れがあったことがわかります。

写真10　これを断ち割ると、下にある砂の層から、砂脈を通って砂が噴き出したことがわかります。

写真11　これは富山県小矢部市の若宮古墳ですが、ここにも地震の痕跡が

写真６　２つの地震に対応した砂脈
（金屋南遺跡　富山市教育委員会調査）

写真７　大地震による地層の変形
（岩坪岡田島遺跡　富山県文化振興財団調査）

写真８　木舟城推定地における地滑りの痕跡（福岡町教育委員会調査）

写真９　幅広い砂脈
（手洗野赤浦遺跡　富山県文化振興財団調査）

写真 10　写真９の断面形

あります。古墳の墳丘を断ち割ったものを見ますと、断層(小さな地滑りの跡)がいっぱいあって、よく見ると黒い層が少しずつ食い違っています。これは、墳丘の盛土が古墳の縁の方に向かって少し滑り動いた痕跡です。こういうふうに、いろいろな場所に地震の痕跡が出てきます。

写真12　次は地震を発生した元凶の活断層の話ですが、これは淡路島の有名な野島断層です。実はこの写真は、地震の前に私が撮っておいたものです。阪神・淡路大震災が起きることを予知して撮ったわけではありません。私は1979年にこの断層を調べて活断層であることを検証したのですが、その時に撮ったものです。地震発生より前に撮った写真として非常に貴重なものです。

高さ10mの崖の手前に平らな地面があります。崖の上にも平らな地面がありますが、どちらも２万年ぐらい前の川底です。その頃は崖もなくてずっと平らだったものです。その後の地震で、10m上下にずれて向こう側が高くなったわけです。そして、崖の直下に断層の痕跡がみつかりました。

写真13　活断層とはどういうものか。これは本当に包丁で切ったような

切り口です。左上に古い花崗岩の岩盤がありまして、右下に柔らかい地層があります。本当は左がずっと古いのですから下にあって、右の粘土がこの上を水平に覆っているはずなのです。ところが、断層の線を境にして古い方が上になっています。

写真11　墳丘の地滑り跡
（若宮古墳　小矢部市教育委員会調査）

ということは、この断層を境にして、左が地震のたびに上がってきたことを示しています。

これも、写真12と同じ日に、高さ10mの崖の根元で撮ったものです。

写真14　今度は兵庫県南部地震の直後に同じところから写真を撮りました。ちょうどこの断層の崖に沿ってまた新しい段差が生じています。ちょうどブルーシートをかけてあるところが新しいずれになります。崖全体は10m、今度は１mです。これは10回分と考えたらつじつまが合うわけです。10回分とすると、２万年間に10回だから2000年に１回です。

最近、活断層そのものを発掘調査して、いつ活動したかということを調べる研究（トレンチ調査）が盛んになっています。兵庫県南部地震の直後に、私が所属していた通産省地質調査所が野島断層を掘ってみたら、１つ前の活動が西暦50年頃ということがわかりました。およそ2000年前です。だから、この野島断層は、おおよそ2000年に１回活動していると考えるとちょうどいいわけです。

このように、活断層というのはかなり決まった間隔で活動しています。ですからこそ、１つ前の活動、もう１つ前の活動というふうに調べていくと、活動する間隔がわかり、この次はいつごろ活動しそうかということが推測できるわけです。

写真12　1979年に撮影した野島断層
（比高約10㎝の断層崖）

写真13　写真12の断層跡
（矢印で示したように地層が食い違った）

今、こんなことを言っても少し空しいのですが、次の阪神・淡路大震災はあと2000年後にまた起きますから気をつけてくださいと——。

写真15　トレンチ調査の事例です。これは栃木県の関谷断層で、去年に産業技術総合研究所の活断層研究センターが実施して、私も担当したものです。通産省地質調査所が独立行政法人化で産業技術総合研究所の一部となり、活断層関係の研究者がその中の活断層研究センターに集まっています。

ここでは、活断層を境にして左側がドンと右斜め上へ上がって、１ｍくらいの崖ができています。江戸時代の1683年に大地震の記録があって、それに対応すると考えている活動です。

写真16　今度は石川県の金沢です。金沢市街地を横切る森本断層という断層があります。文部科学省と石川県が組織した森本断層調査委員会がこれを掘りましたら、断層が出てきました。右側がドンと上へ上がっています。ほとんどの地層がグニャッと曲がっていますが、これは軟弱な地層なので、切れずにグニャッと変形しました。どうやらこれは、2000年ぐらい前に活動

して大地震を引き起こした痕跡らしいのです。ちなみにこの断層は、江戸時代の1799年にもマグニチュード6クラスの活動をしています。金沢ではそのときの地震で被害がありました。

写真14　1995年に撮影した野島断層
（矢印の範囲が兵庫県南部地震で新たに生じた断層崖）

写真17　これは阪神・淡路大震災で家の倒れた写真ですが、木舟の町に大地震が起きたときにどういうことになったか。激しい揺れで家屋がこういうふうに倒れたと思います。この家は本当は2階建てですが、1階がペシャンコにつぶれて低くなっています。こういうふうな惨状があったわけです。

写真15　栃木県の関谷断層
（矢印で示したように地層が食い違った
産業技術総合研究所活断層研究センター調査）

図5　木舟城下町というのは、地震学の立場で言うと、なぜこんなに地震に弱いところに城下町を築いたのかと不思議なほど、液状化しやすい場所に建っています。ですから、先ほどお見せしたように液状化の痕跡がたくさん出てきています。

これは東京オリンピックのあった1964年におきた新潟地震の被害をイラストにしたものですが、大きな5階建ての建物が液状化現象でごろっと横倒しになっています。地下で地下水の水圧が高くなって砂層が液体のように動

写真16　石川県の森本断層
（矢印で示したように地層が食い違った
森本断層調査委員会調査）

写真17　阪神・淡路大震災における家屋の倒壊

いたために建物が傾いたわけです。ひょっとしたら、木舟城でもこのミニチュア版が出てきているかもわかりません。

4．おわりに

最後に、締めくくりです。非常に怖い話をしましたが、この天正大地震というのは、調べますと、1000年に1回ぐらいの間隔で発生しています。起きてから今までが400年ぐらいです。計算どおりだと500年あまりは大丈夫。だから皆さんがひょっとして400年前に生まれていたり、あと500年たって生まれることを考えると悲惨です。今ちょうどいいときに生きていらっしゃるのではないかと思います。

もう一つ、飛越地震というのは少なくとも2000～3000年ぐらいの間隔です。起きたばかりなので、これはエネルギーを使い果たした直後なので大きく動くことはない。このように、富山に関する大きな活断層について、近々絶対危ないというものは今のところありません。でも、ひょっとして知られていない小さい断層があったりとか、また、大きな活断層というのは中規模の地

図５　新潟地震による川岸町アパートの被害
（東京オリンピックの年に発生して顕著な液状化現象が発生した）

震なら周期にかかわらず、いつでもよく起こしますから、決して油断することはできないと思います。以上です。

越　前　一　乗　谷

福井県教育庁埋蔵文化財調査センター　岩田　　隆

1．朝倉氏の歴史

朝倉氏は、元但馬国養父郡を本拠地とする豪族で、平家物語にも登場します。鎌倉時代は、御家人として活動しますが、南北朝の内乱の時、越前国守護となった斯波高経に従って越前に入国しました。本拠地は一乗谷ではなく、九頭竜川と日野川の合流点に近くの黒丸に城を構え、南朝方と戦い活躍します。朝倉氏と一乗谷との関係はかなり古く、貞治5年(1366)に一乗谷もその一部に含まれる宇坂庄の預所職を得たのが最初です。その後朝倉氏はだんだんと勢力を伸ばしましたが、応仁の乱のとき西軍から東軍に寝返り、京都から帰国して、孝景・氏景親子が守護代の甲斐氏などを倒して越前一国を統一しました。

貞景・孝景(4代)の頃が最盛期で、5代義景の時、天下統一を目指す織田信長と争って3年間戦いましたが、天正元年(1573)に近江の浅井氏を救援に出かけた義景は、刀根坂の合戦で大敗を喫し、一乗谷に引き上げさらに大野に逃れましたが、一族朝倉景鏡の裏切りにあって自刃して、朝倉氏は滅びました。一乗谷は、信長軍によって火をかけられ三日三晩燃え続けたといわれています。詳しくは表1と表2をご覧ください。

2．谷間の城下町

それではスライドで一乗谷を紹介します。

写真1　これは一乗谷の全景図です。図1と図2を参照して下さい。北から南を見た方向で、上方が上城戸、下側が下城戸になります。

一乗谷は下城戸と上城戸の間が約1.7㎞でして、その間の谷の幅は広いところで200ｍと、非常に狭い谷間です。その狭い谷の真ん中あたりに朝倉館を

年	西暦	月　日	事　　　項
保延2年	1136	是歳	朝倉高清生まれる。
建保元年	1213	2月15日	朝倉高清没。
承久3年	1221	4月18日	朝倉信高、承久の乱の京方につく。
建長6年	1254	是歳	朝倉広景、但馬朝倉谷に生まれる。
建治元年	1275	5月	六条八幡宮造営注文に但馬国御家人八木三郎跡・朝倉八郎跡がみえる。
嘉元3年	1305	是歳	斯波高経生まれる。母親は朝倉庄地頭長井氏の一族。
正慶2年	1333	4月下旬	朝倉広景、斯波高経に属して出陣するという。
建武元年	1334	9月10日	斯波高経、越前守護としてみえる。
延元2年	1337	是歳	朝倉広景、但馬から越前に入国する。
康永元年	1342	是歳	朝倉広景、朝倉氏の氏寺の安居弘祥寺を創建する。
延文2年	1357	10月2日	朝倉高景、足羽庄預所職を宛行われるという。
貞治5年	1366	11月6日	朝倉高景、宇坂庄等の地頭職を宛行われる。
応安5年	1372	5月2日	朝倉高景没。
永享元年	1429	8月22日	朝倉氏、甲斐氏・織田氏と共に管領斯波氏の重臣としてみえる。
宝徳2年	1450	12月20日	朝倉家景没。家景、一乗城に居す。
長禄3年	1459	8月11日	朝倉孝景、和田合戦に勝利して在地の主導権を確立する。
寛正元年	1460	2月21日	朝倉孝景、阿波賀城戸口に合戦するという。
6年	1465	7月14日	光玖、一乗より足利義政に蝋燭を進上する。
応仁元年	1467	正月18日	応仁の乱起きる。朝倉孝景、西軍方として奮戦する。
文明3年	1471	5月21日	朝倉孝景、東軍方につき越前守護職に関する御内書を得る。その後、甲斐氏を追い出して越前を平定する。
11年	1479	8月23日	一条兼良、越前に下向し、朝倉孝景・氏景親子と会う。
13年	1481	7月26日	朝倉孝景、一乗に病死する。これ以前「朝倉孝景条々」を書き子孫にのこす。
		11月11日	朝倉氏景、館の表十五間座敷に代替の儀を行う。
14年	1482	閏7月3日	一乗、失火により大火。重臣等焼死する。
18年	1486	7月3日	二代当主朝倉氏景没。
長享元年	1487	10月19日	朝倉景冬、六角征伐に参陣する。
延徳3年	1491	4月20日	朝倉貞景、美濃の斎藤妙純の娘を妻に迎える。
明応7年	1498	9月1日	足利義尹、越中より一乗に移る。
永正3年	1506	8月是月	朝倉貞景、越前一向一揆を鎮定する。
		12月是月	朝倉貞景、土佐光信に京中屏風一双をえがかせる。
5年	1508	是歳	朝倉貞景、一揆討死者のため阿波賀に経堂を建立する。
9年	1512	3月25日	三代当主朝倉貞景没。
13年	1516	6月5日	朝倉孝景（四代）、白傘袋・毛氈鞍覆の使用をゆるされる。
天文2年	1533	9月24日	朝倉義景生まれる。
17年	1548	3月22日	四代当主朝倉孝景没。
弘治元年	1555	9月8日	朝倉教景（宗滴）没。
永禄4年	1561	4月6日	朝倉義景、棗庄大窪浜に犬追物を行う。
7年	1564	9月12日	朝倉義景、自ら出陣して加賀に進攻する。
10年	1567	11月21日	足利義昭、敦賀から一条安養寺に入る。
11年	1568	5月17日	足利義昭、朝倉館に御成。
		9月26日	織田信長、足利義昭を奉じて上洛する。
元亀元年	1570	4月20日	織田信長、越前に進攻。以後、朝倉氏と対立抗争する。
天正元年	1573	8月20日	足利義景、大野で自尽する。この日まで三日にわたり一乗の谷中放火され、壊滅する。
2年	1574	正月19日	国中一揆、桂田（前波）長俊の拠る一乗を攻める。ついで陥落し、長俊殺される。
3年	1575	8月23日	織田信長、越前一向一揆を攻め、是日、一乗の谷へ本陣を移す。

表1　朝倉氏略年表（『よみがえる中世6』平凡社 1990 より）

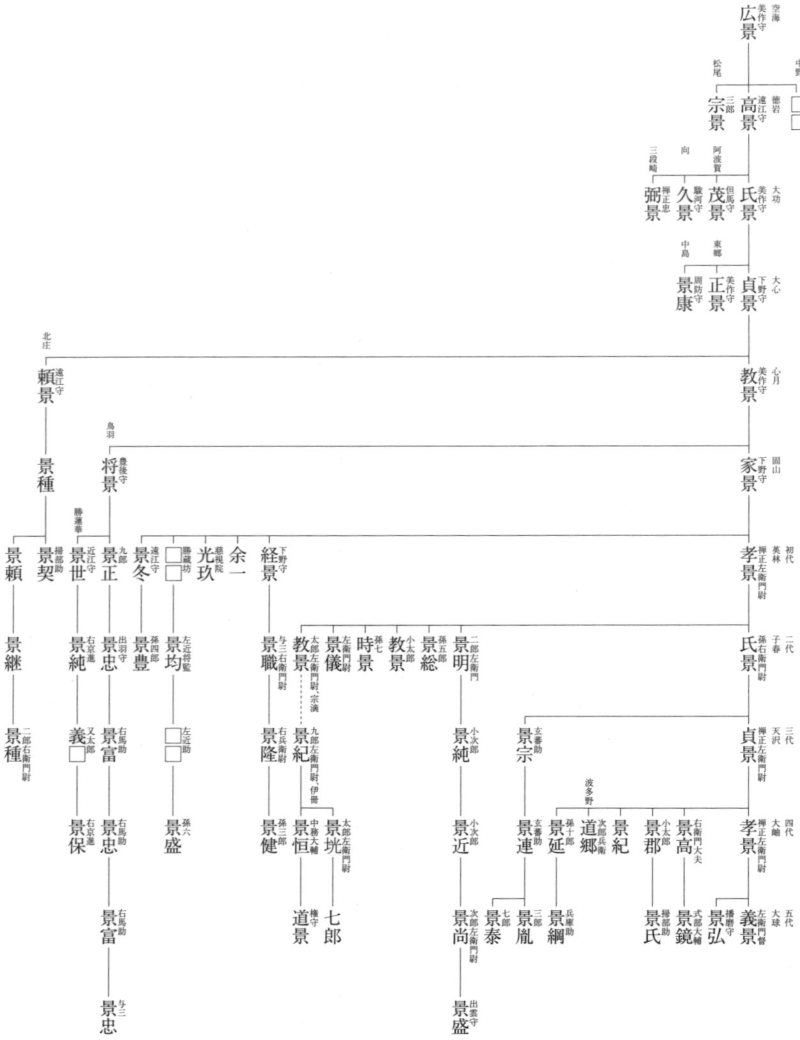
広景 美作守 空海
高景 遠江守 徳岩
宗景 三郎 松尾
□□ 能登守 中野
氏景 美作守 大功
茂景 但馬守 阿波賀
久景 駿河守 向
弼景 弾正忠 三段崎
貞景 下野守 大心
正景 美作守 東郷
景康 周防守 中島
教景 美作守 心月
頼景 遠江守 北庄
家景 下野守 固山
将景 豊後守 鳥羽
景種
孝景 弾正左衛門尉 英林 初代
経景 下野守
余一
光玖 慈視院
□□ 勝蔵坊
景冬 遠江守
景正 九郎
景世 近江守 勝蓮華
景契 掃部助
景頼
氏景 孫右衛門尉 子春 二代
景明 二郎左衛門
景総 孫五郎
教景 小太郎
時景 孫七
景儀 左衛門尉
教景 太郎左衛門尉、宗滴
景職 与三右衛門尉
景均 左近将監
景豊 孫四郎
景忠 出羽守
景純 右京進
景継
貞景 弾正左衛門尉 天沢 三代
景宗 玄蕃助
景純 小次郎
景紀 九郎左衛門尉、伊冊
景隆 右兵衛尉
□□ 左近助
景富 右馬助
義□ 又太郎
景種 二郎右衛門尉
孝景 弾正左衛門尉 大岫 四代
景高 右衛門大夫
景郡 小太郎
景紀
道郷 次郎兵衛
景延 孫十郎
波多野
景連 玄蕃助
景近 小次郎
景垙 太郎左衛門尉
景恒 中務大輔
景健 孫三郎
景盛 孫六
景忠 右馬助
景保 右京進
義景 左衛門督 大球 五代
景弘 播磨守
景鏡 式部大輔
景氏 掃部助
景綱 兵庫助
景胤 三郎
景泰 七郎
景尚 次郎左衛門尉
七郎
道景 権守
景富 右馬助
景盛 出雲守
景忠 与三

表2　朝倉氏略系図

写真１　一乗谷全景　北から
（以下、写真はすべて福井県立一乗谷朝倉氏遺跡資料館提供）

造り、周辺に家臣の武家屋敷群、町屋、寺院群を建設しています。

朝倉氏がこの一乗谷に本拠地を移した時期は、はっきりとはしませんけれども、1430～1450年くらいと推定されています。朝倉氏が滅びるのが天正元年(1573)です。朝倉氏が越前一国を統一したのが1480年頃で、「大乗院寺社雑事記」によると、ちょうどそのころ一乗谷に大火があったと記録されていますから、100年間ぐらいの城下町だったといえます。

一乗谷の構造についてもう少し説明しますと、谷の中央付近にあるのが朝倉館です。その東側に山城があります。朝倉館付近は標高50ｍぐらいで、山城の標高が470ｍですから、400ｍぐらい差があります。普段は朝倉氏はふもとの館で生活していました。

上城戸と下城戸の内側がまさに「城戸の内」、城下町はもう少し広がっていまして、下城戸の外側の安波賀というところ、それから上城戸の東新町、西新町、さらには浄教寺までずっと広がっていました。最盛期の人口は１万

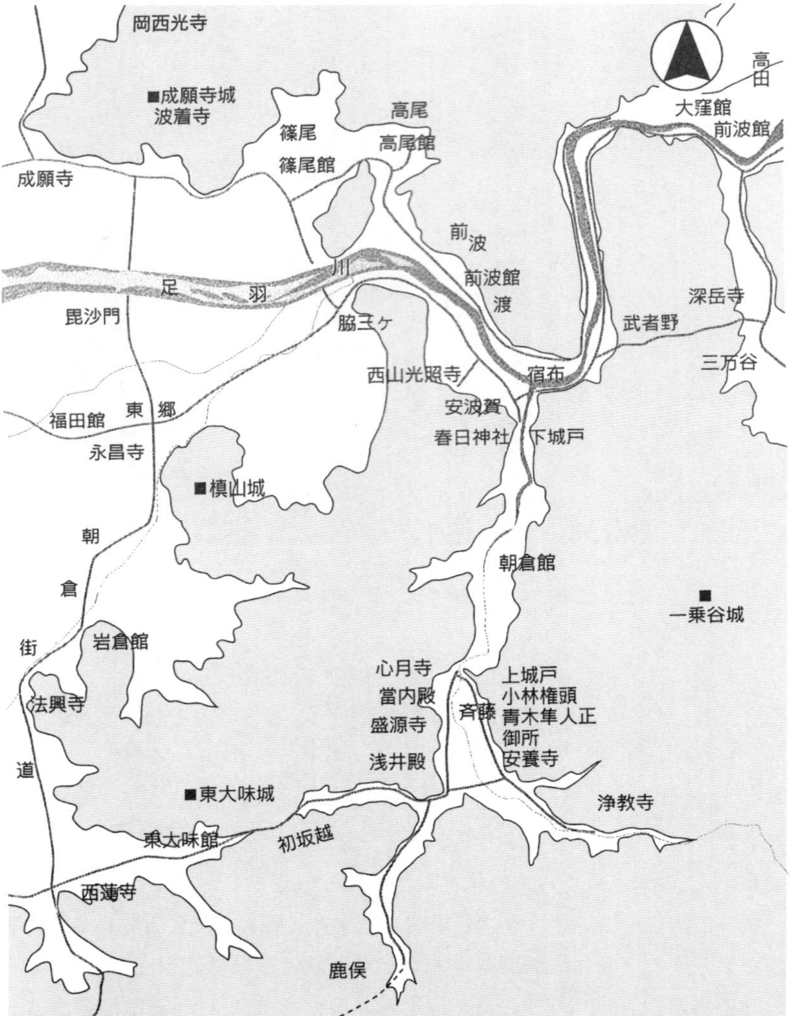
岡西光寺
■成願寺城
波着寺
篠尾
篠尾館
高尾
高尾館
成願寺
前波
前波館
渡
足羽川
毘沙門
脇三ケ
西山光照寺
安波賀
春日神社
下城戸
宿布
福田館
東郷
永昌寺
■槙山城
朝倉街道
岩倉館
法興寺
朝倉館
■
一乗谷城
心月寺
當内殿
盛源寺
浅井殿
斉藤
上城戸
小林権頭
青木隼人正
御所
安養寺
浄教寺
■東大味城
東大味館
初坂越
西蓮寺
鹿俣
戸ノ口坂
■三峰城
砥山
高田
大窪館
前波館
深岳寺
武者野
三万谷

図1　一乗谷周辺図

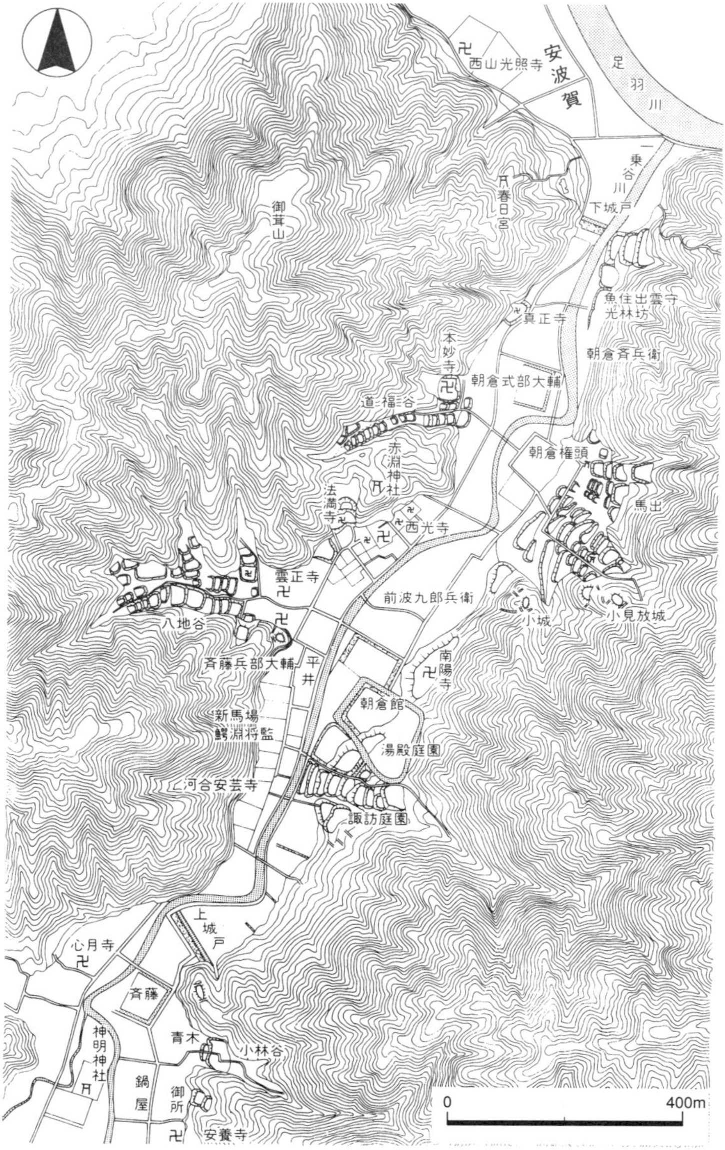

図２　一乗谷全体図
（『木舟城シンポジウム解説図録　戦国の終焉』福岡町教育委員会 2002 より）

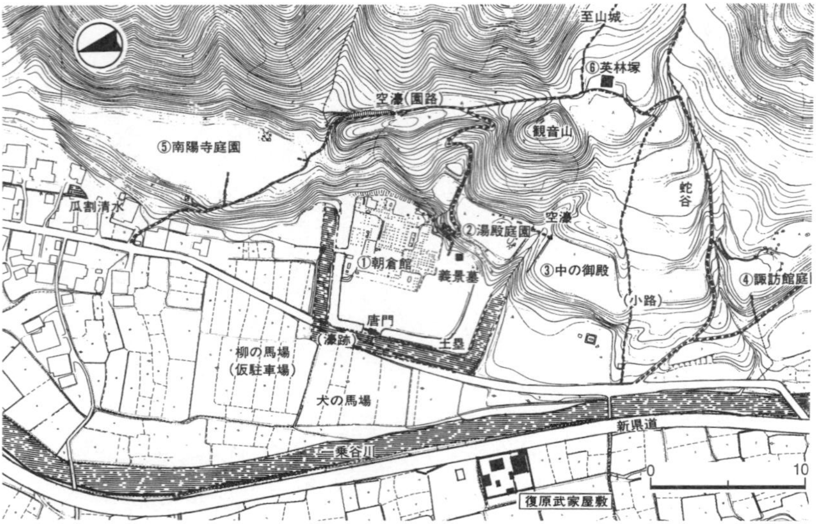

図3　朝倉館群

人ぐらいと推定しています。

写真2　これは朝倉館を西から見たところです。図3～5を参照して下さい。東に山を背負っていて、三方は濠と土塁で防御を固めています。その規模は堀も含めて120m四方ぐらいです。門は三方にありますが、西の門が正門です。建物は中央のもっとも大きい建物常御殿を中心にして十数棟あって、常御殿の南西に主殿、その東に茶室と庭園があります。この一群が表向きの建物といえます。主殿の北側に台所や蔵、厩などがあって、これらは内向きの建物群といえます。

館の西門を出たところは現在広場になっていますが、ここは当時広場ではなくて、西殿と伝えられる建物群、北側と西側には柳の馬場、犬の馬場があったところです。館の東に湯殿跡庭園がありまして、朝倉館の南には新御殿、その東側の高台は中殿跡といいまして、義景の母光徳院が住んでいたと伝えられているところです。さらにその南側に義景の4番目の側室小少将が住んでいたと伝えられ、立派な庭園がある諏訪館跡があります。

朝倉館の東北になりますが、ここは南陽寺というお寺があります。一乗谷

写真２　朝倉館全景　西から

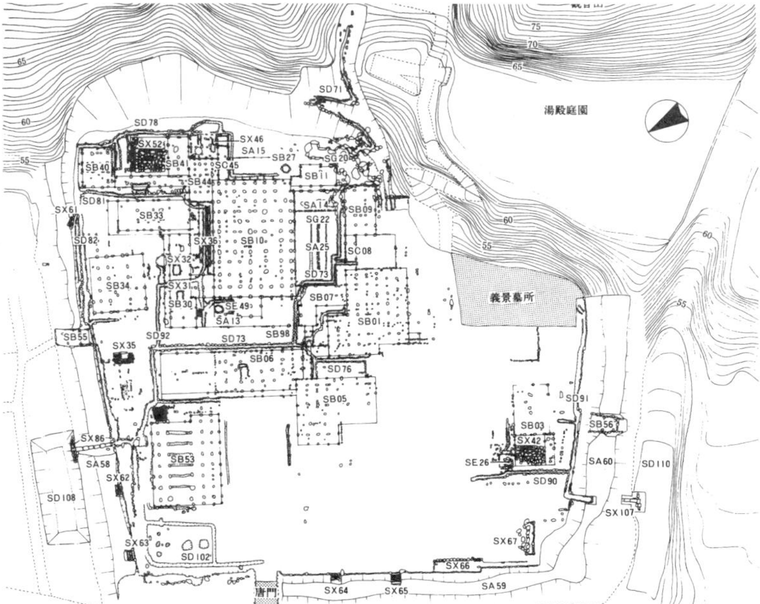

図４　朝倉館遺構平面図

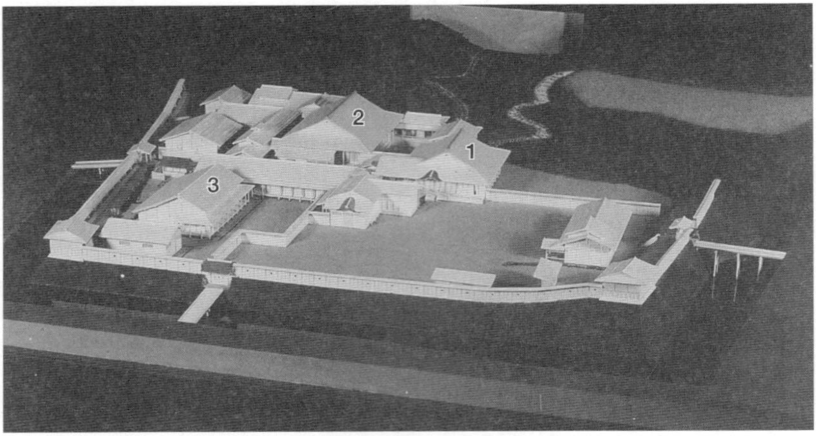

写真3　朝倉館模型　西から

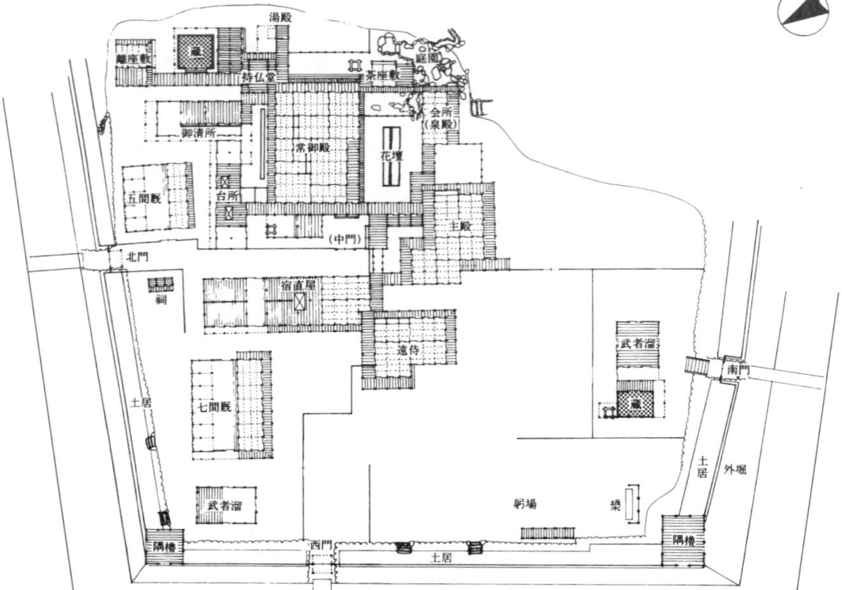

図5　朝倉館復原図

では一番格式の高いお寺で、朝倉氏の子女が尼さんとなって入るお寺です。また客殿としても使用されたようです。

濠に囲まれた朝倉館だけですと、越前一国を支配した朝倉氏の館としては随分狭いとお思いになるでしょうが、南陽寺址から諏訪館址までが、朝倉氏宗家の館群なのです。

一乗谷川を挟んで、館の西側に町並みが見えていますが、これが後でご紹介します武家屋敷と町屋が並んでいるところです。

写真3　朝倉館の復原模型です。1が先ほど言いました主殿で公式の行事や家臣との対面を行うところです。ですから、唐破風が付いて格式が高い感じになっています。

2は常御殿で、名前のとおり義景がいつも住んでいたところです。

3の大きい建物は厩《うまや》で、七軒厩といいまして、7頭の馬がいたところです。

最初に千田先生からご紹介がありましたが、室町将軍邸と構造がよく似ていて、それを模して造ったというのがよくわかります。

写真4　一乗谷川を挟んで朝倉館の西側に武家屋敷群と町屋があります。山裾側の武家屋敷の方から紹介しますと、幅4.5mの道路の西側に武家屋敷が並んでいます。　武家屋敷の大きさは、間口30m、隣りも30m、これも30mというふうに30mを基本にしています。

図6を参照してください。この南北方向の道路についても、①の矩折れのところから②の東西方向の道路との交差点まで30m、さらにその交差点から③の東西方向道路の交差点まで90mです。さらに南側に1つ細い道路④があるのですが、ここまでも60mありますから、この辺りは30mを基本にして非常に計画的に造られていることがわかります。

さっきの武家屋敷の道路を挟んで東側は町屋になっています。4～5軒並んでいます。ここら辺は区割が小さくてややこしいのですが、東西道路に面しても4軒ほど並んだ町屋があります。ただ、この付近の町屋は、本来からいえば、もともとは武家屋敷だったところを、一乗谷の最後の頃だと思うのですが、町屋に変わったところです。

一乗谷は、天正元年に滅んだあと20年後に水田になっています。この辺

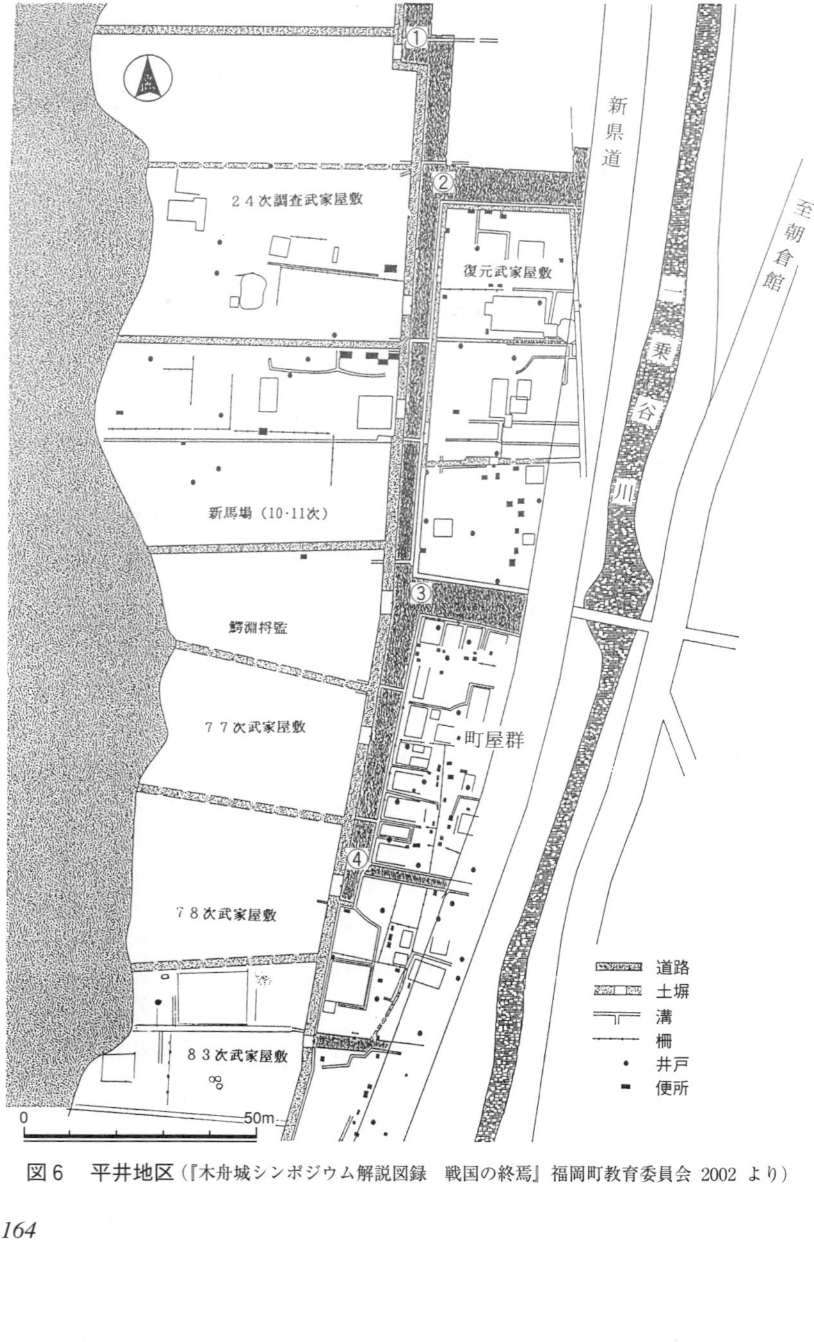

図6　平井地区（『木舟城シンポジウム解説図録　戦国の終焉』福岡町教育委員会 2002 より）

写真4　平井地区　北から

りの武家屋敷は、西側は山、東側が川ですから、傾斜になっているので、全体でいえば大きなりっぱな武家屋敷ですが、上を削られて屋敷の範囲だけがわかるところです。ところが、道路より東側すなわち川側は少し低くなっていますので、武家屋敷内の建物跡もよく残っていました。そこで、遺跡保護のために盛り土をして、もとあった礎石の直上に礎石を据えて、建物を建てて立体復原しました。

もう一度図6で説明しますと、①が矩折れになっていて、②までが30m、③までが90m、④までは60mと計画的な町割りとなっています。これが30m四方の武家屋敷で、これが主屋になります。主屋に隣接して茶室があり、茶室には路地が付随しています。主屋の北には蔵があり、その北の建物は現在は使用人小屋と解していますが、厩でもいいと思います。

屋敷の規模が30m四方と、道路を挟んだ山側の武家屋敷より少し小さめです。南にもう30m伸びてもいいかなという武家屋敷ですが、いろいろな事情から30m四方の規模として復原しています。山側の武家屋敷は30×60

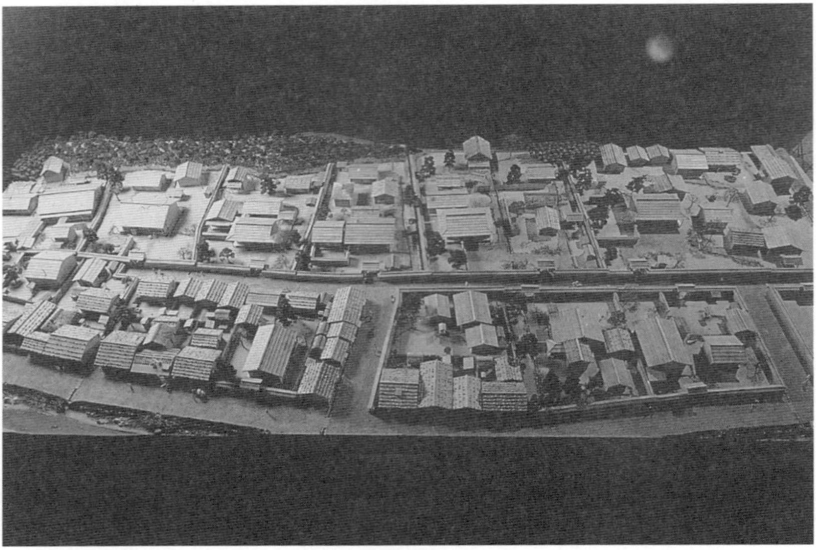

写真5　町屋の模型　東から

mとか40×60mと規模が大きいので、たとえば石黒氏のような武将クラスの武家屋敷です。このクラスの武家屋敷の主は、もともと在地にも自分の屋敷があって、一乗谷に屋敷地をもらって住んでいたということです。この南北道路は、現在①より北を発掘していまして、ずっと道路もそれに面して武家屋敷も北の方へ続いています。

写真5　これは町屋群の模型で、東から見ているかたちになります。町屋が4軒並んでいますが、その中のこの家が現在紺屋として復原しているところです。この4軒の町屋については、屋敷と屋敷の間に溝があります。建物の後ろに便所があり、井戸も持っています。ですから1軒1軒独立した町屋といえます。ところが、東西道路に面したこちら側の町屋は、家と家との間に溝がありません。裏庭もほとんどなくて、井戸もない。井戸も便所も共同になっています。ですから、先の独立した町屋の方が1つ格の高い家で、共同井戸や共同便所となっているこちらの方は1つ格の低い家で、いわば借地人、借家の人のような人が住んでいたと推定しています。

写真６　町屋の立体復原

規模を言いませんでしたが、町屋の大きさを言いますと、間口が６ｍ、奥行きが12ｍが標準で、間口いっぱいに家が建っていて便所と井戸があるという規模になっています。

写真６・写真７　これは立体復原の写真です。染物屋さんとして復原しているところは一番手前の①です。越前焼きの大甕が４個体×２列と４個体が１列、肩まで埋められた状態で並んでいて、その状態が近世の紺屋の甕の配置と同じであるところから染物屋と推定しました。１軒置いて南隣の家は、有力者というふうに現地へ行くと書いてありますが、解釈の難しいところではあります。

前の通りは先ほど言った幅4.5ｍの道路で、現在200ｍほど発掘されています。

写真８　これはまた別の地区で、吉野本地区と呼んでいるところです。図７を参照して下さい。先ほどの平井地区はここから南へ500ｍぐらい行ったところにあります。吉野本地区は、一乗谷川に沿って幅８ｍの道路が南北方向に通っていて、この道路に面して町屋が並んでいます。また、山裾側は寺

写真７　染物屋の内部

院が並んでいて、その町屋群と寺院群との間は、武家屋敷群になっています。

一乗谷川に沿ったこの辺りも、本来でしたらこの現代の道路の下あたりに、南北方向に昔の幅８ｍの道路が通っていました。その幅８ｍの道路に対して、この溝からこの溝まで１軒で、同様に溝と溝の間が１軒の町屋で、60軒ほどの町屋がずらっと並んでいます。

この吉野本地区は非常に遺物の多かったところで、ここは鍛冶屋さん、ここは念珠屋さん、ここも鍛冶屋、ここの辺りは鍛冶屋さんです、この辺りは曲物がたくさん出てきたので曲物屋さんという感じで、出土遺物や非常に焼けた炉をもっているなど、特徴のある遺構から職業の推定できる家もありました。

道路下になってしまって写真には写っていませんが、この辺りに越前焼の大がめ、直径が90㎝、高さも90㎝ぐらいの大きな甕を十何個据えた家がありました。これが先ほどの染物屋さんとか、それから醸造関係では、酒屋さんか味噌を作っていたような家だろうと推定しています。

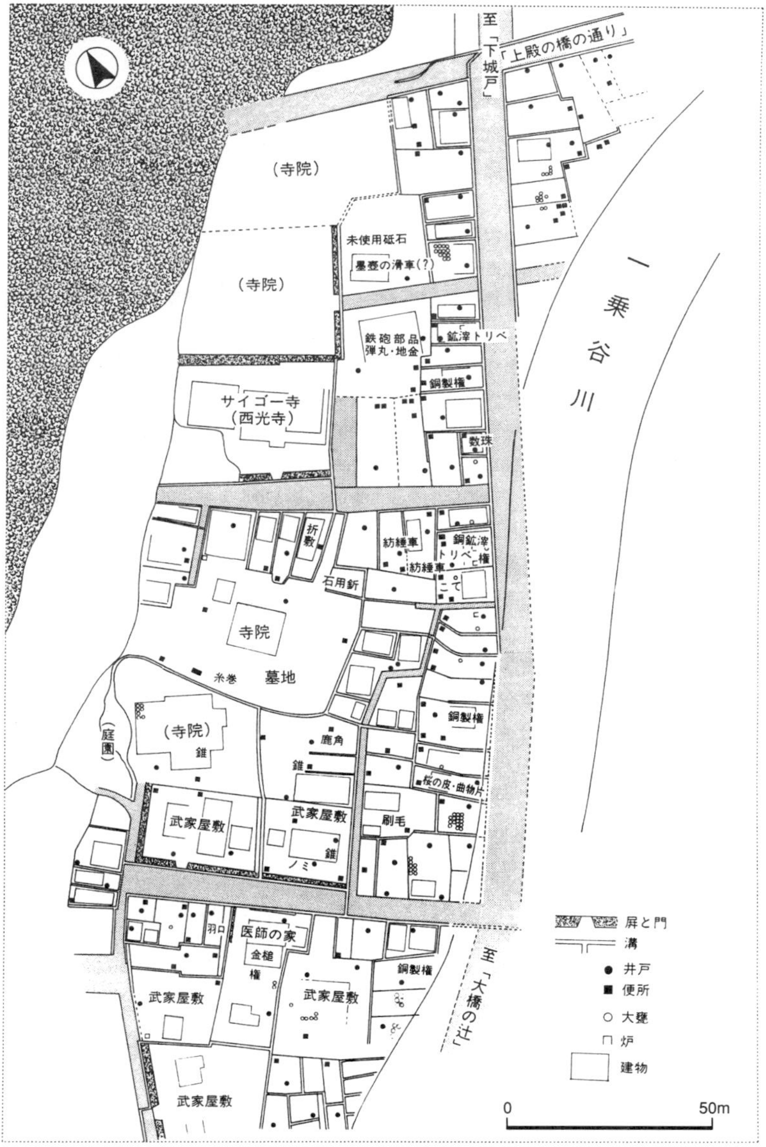

図７　吉野本地区（『木舟城シンポジウム解説図録　戦国の終焉』福岡町教育委員会 2002 より）

写真8　吉野本地区　西から

この付近の山裾には寺町のように寺院が並んでいるところです。①は「西光寺」(サイゴー寺)と伝えられるお寺で、道を挟んで南隣も寺院です。北隣も多分「遊楽寺」というお寺でしょう。山の方にお寺と武家屋敷が並んでいるところです。

寺院群と川側の町屋群との間は武家屋敷群となっていて、ここの武家屋敷は、間口が30mほど、奥行きも30mほどで、先ほど説明しました平井地区の上級の武家屋敷よりもやや小さい武家屋敷が何軒かあります。

その中でも、手前の方に黒いアスファルトで表示した建物跡がありますが、これは医者の家と判断しています。どうして医者の家と判断したかといいますと、『湯液本草』という医学書が出土したり、残念ながら薬研は出てこなかったのですが、医学関係のものがいくつか、乳鉢や匙のようなものが出てきたので医者の家と推定しています。

ここは第40次調査でわかった寺院で、中心に本堂があります。本堂の裏は墓地になっています。ここの墓地では、火葬をしていない子どもの非常に小

写真９　吉野本地区発掘状況　西から（『よみがえる中世６』平凡社 1990 より）

さい骨ばかり出てきました。

墓地のことでさらに言いますと、展示の方に石仏が展示してあります。一乗谷には3000体もの石仏・石塔の存在がわかっています。そこに法名と年号が刻んでありますので、先ほど、１万人ぐらいの人口があると言いましたのは、石仏に刻んである年号を亡くなった年として、当時の死亡率はわからないのですが、江戸時代の死亡率などを参考にして１万人ぐらいと出したわけです。

写真９　吉野本地区の発掘状況の写真で、西から見たところです。

先ほど医者の家と言ったのは、矢印で示した家です。『湯液本草』が出土したのは①あたりで、道路に面して門があってその内側左手には露地風の小さな庭園があります。②が主屋兼診察室です。裏側は何棟か建物が建っています。

写真の左手上あたりは非常に細かい町割りになっていますが、本来は武家屋敷だったところをつぶして小さな町屋になっています。先ほどの町屋は大通りに面していますが、ここは大通りに面していません。大通りから細い通路を入れて、それぞれの家に入れるようになっています。③のあたりは通路ですが、左手の方から入ってきて、長屋ではないのですが、裏長屋風の非常に細かい町屋が並んでいるところです。

3．おわりに

一乗谷というところは非常に遺構がよく残っているところです。今回は一番よく残っているところばかり紹介しましたので、わかりやすかったとは思いますが、こんなふうに全部が全部残っているわけではないのです。しかし、こういった小さな溝や痕跡を見つけて、そこから復原していくと、木舟城なども少しずつわかってくるのではないかと思っています。以上です。

第 Ⅳ 部

結語「シンポジウムから見える木舟城」

戦国城下町研究の幕開け

6年間にわたる木舟城跡の範囲確認調査にずっと調査検討委員として関わってきた者として、今回のシンポジウム開催は誠に意義深いものであったと考える。振り返ってみると、さほど大きくもない一つの町が、将来の整備も視野に入れた中世の城跡の調査にこれだけの年数をかけた点は、高く評価されねばならない。

今日、全国的に地域の活性化が求められるなか、この福岡町が小さな城跡に夢を託し、これを町おこしの核と位置づけ、地道な調査事業を継続したこと、そうした積極的な姿勢は、ここ富山県の他市町村においても学ぶべき点が大きいと言わねばなるまい。

華々しい成果とまでは言えないが、調査の過程で城跡古図にめぐり会い、木舟城のプラン復原図（案）を作成でき、以後の調査の基礎となる資料を提示できたことは、私自身としても感慨深いものがある。とはいえ、現時点では城のプランは細部において未解明である。過去のほ場整備事業による削平が大きいこと、周りが低湿な水田地帯であること（まさにそれが中世の平城の立地の特色ではあるが）など、調査に伴う困難は否定できないが、これからも地道に小さな成果を積み上げていくことが、必ずや城の全容解明につながるものと確信する。

なお、今回のシンポジウムはこれまでの調査成果を全国的な視野から、かつ多彩な角度で評価できたことで有意義な試みであった。特に、城のまわりに存在した城下町を大きく取り上げた点は注目される。とりわけ、木舟は天正13年（1585）の大地震により大きな被害を受け、翌年、城主前田利秀が居城を今石動に移している。この結果、まもなく城下町は農村へと姿を変え、今日に至ったのである。

平成5～7年度の能越自動車道の工事に伴い、城下町跡の一部が発掘され、多くの遺構・遺物が検出されたことは、画期的なことであった。本県において中世（戦国期）の城下町跡がこのように広範囲に確認された例はなく、その結果、これまで実像が不明であった16世紀の城下町の姿を初めて浮き彫りにするなど、計り知れぬ成果が得られたのである。今回のシンポジウムでは、その成果の「一端」を発表できたわけだが、まだまだ検討・発表されるべき余地は多く、その成果について研究者間での学際的な論議が今後も尽くされるべきと考える。しかも、発掘された城下町の範囲は、まだ一部にすぎないのである。

それはともかく、この木舟城を核とした城下町の調査研究は、まさに本県における戦国城下町研究の幕開けになったと言えるのではないか。今後、福岡町がどのような方向に進むにせよ、調査の継続と、調査成果の地域住民への還元（シンポジウムなど）をとおして、この木舟城跡一帯を町おこしの核として位置づけられるよう期待したい。

高岡　徹

地道な調査を重ね知名向上を願う ――――――

足かけ6年にわたる範囲確認調査を続けてきて、大づかみですが、木舟城の推定図を提示することができるところまで漕ぎつきました。郭の配置やそれを取り囲む堀のラインを示した推定図の存在は、現地に立って木舟城の姿を思い描く上で、その規模を実感する大きな手助けとなるとともに、今後、木舟城を詳しく調査する際に下敷きとなるものです。

地元住民にとって木舟城とは、天正大地震に被災し城主夫妻が命を落としたことから「悲劇の城」「幻の城」と形容され、何かと浪漫をかきたてられる存在です。また、歴史浪漫を語る際の常として、―もし地震がなければ―、砺波地方の中心地として栄えていたであろう福岡の姿を思い浮かべることもしばしばです。さらにまた、大地震という言葉の強さというべきか、一般の方々には同じ天正大地震による山崩れで一瞬にして埋没した飛騨の帰雲城が連想されて、木舟城も地震とともに壊滅し廃城したと考えられています。

この点では、高岡さんの報告にもありましたが、地震後も一定の復興が遂げられていたようで、被災半年後には越後の大名上杉景勝を木舟の地で歓待し、宿泊させています。日程や交通の関係もあると思いますが、越中国内で唯一往路・復路とも宿泊した場所はこの木舟城なのです。ただ、地震の被害は大きく完全に復興させる労力と、また、加賀・越中が前田利家によって治められている政治的背景のもとで、加越国境の倶利伽羅峠を目前に今石動城への居城移転と木舟廃城が判断されます。天正14年（1586）中のことです。

廃城後、急速に農村化が進行した様子は、木舟城下町遺跡の発掘調査で明らかとなっています。このような考古学的な調査は、遺跡の遺存状況に左右されます。特に木舟周辺はほ場整備事業が早い段階に行われたため、中世面が残されている場所は限定されます。また、数年単位で情勢が目まぐるしく動く戦国末期の激動の時代に対しては、数十年程度までが最小単位となる土器編年でその変化を追うのは至難の業といえます。幸い、酒井さんにご報告いただいた石名田木舟遺跡のＢ２地区では、短期間で整地と火災を繰り返した痕跡がみつかりましたが、歴史的な流れの中で木舟城をとらえるには、やはり文献史料の存在を欠くことができません。

木舟城本体についていえば、遺物の年代観から見る限り、16 世紀代のものが主体であることは間違いありません。近世のものは極めて散発的です。こうした傾向は木舟城下町についても同様で、戦国時代を迎えて勢力を拡大していった石黒氏時代の木舟城の拡大初期から、地震後1586 年中に廃城されたと想定される木舟城の歴史を反映したものとなっています。

同様の時期を生きた遺跡として、岩田さんには織田信長によって滅ぼされた越前一乗谷における戦国大名朝倉氏の館とその城下町の実像を報告していただきました。そして西原さんには、天正大地震に被災した長浜城下町の事例を報告していただきました。かたや越中の国人領主、そして一方は戦国大名朝倉氏の本拠地と豊臣秀吉が天下人への端緒となる長浜城下であり、その規模はまったく異なったものといえます。しかし、三者ともに遺跡の下限の時期を特定しうる要素を持ち合わせていることは共通しています。また、北国街道～北陸道を北上した織田信長の侵攻の終着点は越中であり、この沿線上という視点からも、引き続き多くのことを学ばせていただきたいと思います。

さて、推定図にある城の姿がどの段階であるかということについては、その基本線は代々木舟を居城としていた石黒氏によるものと思われますが、城下町の展開していく様子や軍事的な緊張の度合い、そうした中での在城期間を考えていくと、佐々平左衛門が城主を務めた佐々成政段階のものと考えています。県内の城館の状況をみても、佐々が越中を平定していく過程で城を改修している事例が見受けられ、木舟もこうした流れの中で、加賀と国境を接する越中西部の要として整備拡張がなされたものと読み取ることができます。

これまでの調査を通じて多くの研究者の方々とお会いする機会があり、最初の頃は「木舟城」の名を出しても無名で、一から説明していたものですが、近頃は逆に聞かれることもあるほど名が売れてきました。できる限り調査成果を広めることで、逆に広い視野から木舟城を眺める視点を持つことができればと思います。この点で、第Ⅱ部において千田先生にご講演いただいた視点は、室町時代から江戸時代に至るお城の移り変わりを念頭において、木舟城がどの段階に位置し、どういう役割を果たした城であったのか示唆に富むものでした。

そして、地震研究の基地の一つとして木舟を評価していただいた寒川さんのご報告は、木舟城と地震の関係がその独自性をアピールする絶好の素材となるものであることを確信しました。地震被害の調査を地震予知へと結びつける地震考古学の分野に木舟が貢献することができれば、過去を知って未来を生きる道筋を考えるいわば実学としての考古学の一翼を担える可能性もあることを自覚しました。

私は町役場職員ですので、これまで地域に密着して調査を進めてきましたし、これからもそのつもりです。しかし、一定の成果を得た今後は、町内はもちろん、県内、全国へと福岡町の木舟城をＰＲしていく必要があることを感じています。

今回、シンポジウムを開催するにあたって、町外・県外からたくさんの問い合わせが寄せられました。改めて、木舟城に対する関心の広がりと、今まで以上に研究成果を広く還元していく必要性を感じました。そのためには、発掘調査に軸足を置きながら、あらゆる事象を消化する地道で貪欲な調査意欲を持ってこれからも木舟城に関わっていきたいと思います。

栗山雅夫

木舟を知って遺跡保護

今回は、木舟城をテーマにシンポジウムが開催されました。また同時に遺物の展示も行われています。町民の皆様に遺物を見ていただき、自分の町にこんなものがあるのだということを認識していただけた良い機会であったのではないかと思います。

当時の生活の一端を示すわずかな物ですが、これらを一つ一つ研究し、その物が何であるかを確かめてゆくことによって、これからもっとたくさんのことが明らかになると思います。

今までの調査でみつかったものは、当時の人びとが暮らしの中で使っていたいろいろな道具です。一つ一つを見てみますと、食事に使った碗･皿のような食器、桶や曲物といった木製容器や陶器の壺・甕、職人たちが使った金切り鋏、金槌、鏝、漆へらなどといった道具。また、戦に使われた刀や鉄砲の部品、鎧の一部など、戦国時代をほうふつさせるいろいろな遺物があります。しかし、彼らは毎日を戦に明け暮れたわけではなく、いろいろな文化を都から地方にもたらしてくれました。茶の湯などからは彼らを支えた精神文化の一端を知ることができます。また、将棋や双六、独楽、羽子板などの遊戯具は生活の中に娯楽を取り入れた城下町の生活を垣間見るようです。生活の豊かさは、化粧道具や仏具といったものにも現れています。

このような大勢の人たちの街の生活を支えるためには、物の流通をたやすくすることも大切なことだったろうと思います。

このことは前に言いましたが、いろいろな食べもののかすがみつかったことからもうかがうことができます。また、町での秩序正しい生活環境を作り、住むことも大変なことです。おそらく、しっかりとした計画の基に整地が行われ、道路が造られ、町割りが決められ、城下町ができあがっていっただろうと考えられます。

このような計画的な町割りは、周辺を含めて考えられていたようです。開辞大滝遺跡や木舟北遺跡などでも町割りがみつかっていますから、そのことからもうかがい知ることができます。

建物の敷地規模ですが、間口が約30m、奥行き30mほどと考えられます。これは浅倉氏跡遺跡に見られる中級武士の館跡とほぼ同様の敷地面積です。しかし、門や土塀などは確認できませんでした。朝倉氏遺跡例では、敷地内に小型の建物が建てられていました。石名田木舟遺跡B2地区に見られる区画にも、主殿と見られる建物と小型の建物が見られる例が多いようです。単純に比較はできませんが、同クラスの家臣達の屋敷地であったかもしれません。

木舟城の城下町は、20年足らずの間に急速に造られ、天正13年の白山地震にあい荒廃してしまいます。

石黒氏、佐々氏、前田氏は木舟の地にどのような町を造ろうとしたのでしょうか。彼らが造ろうとした町は志半ばにして挫折しました。しかし、皮肉にも現在の私たちに城下町成立期を考えるには、またとない歴史的な資料を残すことになりました。

今回は木舟城とその城下町に焦点があてられました。しかし、ここだけではなくて、福岡町にはほかにもたくさん遺跡があります。そういうものも含めてこれから皆様に、より理解をしていただいて自分たちの町の中にある先人たちが残した地域の歴史を見直して、大事に残していただければいいのではないかなと思います。

酒井重洋

協力して大きな成果をあげましょう――――

石黒成綱の話ですが、この一行が長浜のどこにおいて謀殺されたかという点については実は伝承されておりませんで、これからの研究調査が必要になってくると思います。

そして、天正大地震ですが、1000戸あったといわれている家屋がやられたわけですが、500戸は焼けてしまった。そして500戸は地下に没してしまったということですが、それらが発掘調査によって証明されてきました。フロイスの書簡はそれだけ信憑性が高かったということが言えると思います。そして、木舟においても同じような成果が上がってくると思いますし、その時代を証明する一つのラインがまた見えてくると思います。木舟の方の成果が上がりましたら、我々の成果と協力をして大きなものをつくり上げていければというふうに考えています。

すなわちそれは、「天正大地震シンポジウム(仮称)」の開催が必要となるでしょう。被災地として明確な記録と、それを示す被災遺跡、被災遺跡からの出土遺物を有する行政体が主体となり、開催するのです。長浜、木船、帰雲、大垣、京都等の報告と討論、地震考古学、地震の被災から現代の我々は何を学ぶのか。歴史考古学の成果や、現代の大型地震の被災地、北海道、神戸、四国、島根からの比較検討とこれからの地震対策に生かせるものは何か。過去との対話により未来への希望を生み出すような、一つの歴史科学的な方向性が必要かと思われます。

我が国は地震大国であって、いつの時代においてもその被害から逃れることはできませんでした。私も阪神大震災を体験し、西宮の実家は半壊、両親は無事でしたが、妹は軽傷、近所では年端もいかない小学生が生き埋めのまま命を落としました。備えあれば憂いなしと言っても、人間の力には、自然の脅威をカバーするだけのものはありません。

地震とうまく付き合えばという考え方もありますが、その予知だけでなく、予防はできないものかと考えてしまいます。次世代に託したいものは、地震の脅威をいかに軽減し、予知から予防へというプランを提示したいと思います。現在は、予知と被災のケアだけですが、いつか必ず成し遂げていただきたいと心から望んでおります。

今回のシンポジウムについては、事務的なことや渉外、予算、企画立案などで大いに学ばせていただきました。本文中にも書きましたが、長浜市市制60周年を記念して開催した「豊臣家シンポジウム」(平成15年8月23日・24日)の成功には、「木舟城シンポジウム」があったのです。

特に、栗山氏のひたむきな姿勢と情熱のすごさには参りました。「えっ、専門職は栗山さんだけなのですか。」これだけのシンポジウム開催に、たった一人でやってこられたのには驚きを隠すことはできません(長浜市の専門職は6人)。しかも、和歌山(宴会の時は和歌山弁を私も久しぶりに使いました。「いこらっしょ。」)から富山に移られて文化財の職員として従事するのは、大変なことだと思いました(私は、兵庫から滋賀に移りました)。

シンポジウムだけでなく、展示会の段取りなどでもかなりご苦労があったと思います。長浜まで出土遺物を借りに来るのは大変なことで、季節も雪の降る冬であったので、積雪とアイスバーンの続く道を通って来られました。「えっ、こんな悪天候で来られたのですか。事故に遭ったら大変ですよ。まるで、賤ヶ岳の戦いみたいじゃないですか。あ、富山だから上杉謙信か。」それでは、時期をずらして開催してはと思ったのですが、11月29日という天正大地震発生の日に開催することに意味があったのです（曜日の都合から30日土曜日の開催でしたが…)。それは、我が国の歴史始まって以来の超弩級地震の発生記念日であって、その被災から多くの先人達が前向きに立ち上がった記念日でもあるからなのです。

西原雄大

地震研究のシンボル・木舟城

私は過去の地震を研究しているのですが、天正大地震というのは、内陸の地震としては、日本の歴史上、最も大きな規模を持つ地震の一つです。また、木舟の町については、お城と城下町があって、それが被害を受けて消滅してしまったということは非常に珍しい事例です。

木舟城下町で行われた遺跡の発掘調査の過程で、地震の痕跡がたくさん検出されました。将来、木舟城がかつて存在した位置で詳しい調査をしますと、お城の地下の地盤が激しい地震動によって変形した様子がわかり、その結果から、お城の建物がどのようになってしまったかが推測できると思います。そして、将来の地震による地盤災害を軽減する研究に対しても、重要な情報が多く得られると思います。日本の他の地域の防災についても役立つ有益な資料が得られるわけです。

ですから、木舟城とその城下町は、地震研究の一つのシンボル的な存在になると思います。歴史の流れの中で地震を考え未来に生かすという、ダイナミックで魅力的なテーマを、この福岡町でなら、考えることが可能です。

もちろん、木舟城の周辺地域が、今、地震の恐怖にさらされているというわけではありません――大地震が起きてしまうとエネルギーが抜けるから、近世以降に内陸の大地震に見舞われた地域は、むしろ安全な場合が多いのですが――この地域で得られた成果を、歪みエネルギーが蓄積されていて近々地震の起こりそうな他の地域の地震対策にも役立てるという意味でも、貴重です。

最後に、活断層の周期から次の地震のことがある程度予測できますが、マグニチュード６クラス以下の中規模な地震の場合、いつどこで発生しても不思議でないと思います。ですから、木舟城に関心を持たれている皆さんは、この城のことを思い浮かべるたびに地震についても留意し、最低限の対策――たとえば、夜就寝中に上から重い物が落ちてきて頭を直撃しないよう工夫するなど——を考え、折を見て地震や地盤に関する知識を身につけるように努力していただければありがたいです。

寒川　旭

激動の13年

私は先ほどの紹介にもありましたように、30年近く一乗谷を発掘してきました。中世の城下町については、一乗谷が日本一と思っておりました。だけど、今回ここに来まして遺物を見せてもらいましたら、非常にたくさんの遺物が、一乗谷に負けないくらいよく残っていることに驚きました。これは木舟城下が非常に繁栄した証拠であろうと思います。

一乗谷が滅んだのは、先ほども言いましたように天正元年です。室町幕府も一乗谷が滅んだ年に、将軍足利義昭も信長に追放されて滅亡しました。教科書的な時代区分ですと、これから安土・桃山時代となって近世ということになります。木舟城が滅んだのは天正13年ですから、一乗谷が滅んだのは中世、木舟城が滅んだのは近世ということになります。中世が終わって、まさに近世に突入した時期です。

ですから、木舟城やその城下町から出土した遺物が非常に多かったいうことは、木製品など普通は腐ってなくなってしまう遺物がよく残っていたことにもよりますが、木舟城下が繁栄していたことを示しています。また、そのことは中世から近世にかけてのこの時期は、経済が大いに発展した時期であって、13年間というのは非常に大きな激動の時代だったと言えると思います。

岩田隆

これからが楽しみな木舟城

このシンポジウムをとおして、木舟城が果たした歴史的な大きな役割を浮き彫りにすることができたと思います。そして遺跡としての広がりは城跡だけでなく、周囲の城下を含めて考えていくことが重要なこともはっきりしたといえるでしょう。木舟城と城下は戦国期の城下町遺跡としてかけがえのないものです。しかしそれだけではなく現代に生きるわたくしたちが地震をはじめとする自然災害とどのように向き合っていくか、という大きな課題も投げかけています。この点が木舟城と城下をより意義のある遺跡にしています。

残念ながら木舟城も城下も地表から見ただけでは当時のようすをはっきりとうかがうことはできません。それだけにどんな城だったのか、どんな城下だったのかをまず明らかにすることが必要です。福岡町教育委員会が推進してこられた発掘調査をぜひ継続していただきたいと願います。そして多くの人が注目する歴史情報を発信してほしいと期待します。調査を重ねていくことで、木舟城と城下の歴史的価値が一層高まるだけでなく、地域の人びとが誇りにできる遺跡になっていくことでしょう。

歴史を体感しながら地域の人びとが集い、また戦国の歴史や自然災害を学びに各地から人びとが集まってくる場所に木舟城と城下がなったらよいなあ、と夢はふくらみます。木舟城の調査は端緒についたばかりですので、これからどんな成果が現れるのかを楽しみに注目していきたいと思います。そして今回のシンポジウムで、すごい遺跡が地下に埋まっているという感動を会場のみなさんと共に感じたことをずっと忘れずにいたいと考えています。

最後になりましたが、シンポジウムに参加して下さった多くの方々、ご報告を賜りました先生方、そしてすばらしいシンポジウムと展覧会を実現された福岡町教育委員会のみなさまに、心から感謝申し上げたいと思います。

千田嘉博

第 V 部

参加記「木舟シンポの意義」

西　井　龍　儀（富山考古学会）
宮　田　進　一（北陸中世考古学研究会）
塩　田　明　弘（富山県魚津市教育委員会）
石　黒　光　祐（木舟城跡保存会）

時宜にあったシンポジウム

富山考古学会　西井　龍儀

「戦国の終焉」～よみがえる 天正の世の いくさびと～と題した木舟城シンポジウムは会場のUホールいっぱいの参加者に戦国時代への関心を深め、充足感のある催しであった。これには平成８年から13年までの木舟城跡発掘調査や、平成５年から７年にわたる能越自動車道建設関連による開辟大滝遺跡、石名田木舟遺跡など広範な城下町の発掘調査成果によって、天正13年の大地震で壊滅的な被害を被った木舟城とその城下町のありようがようやくわかってきたこと、「兵庫県南部地震」の記憶がまだ鮮烈で大地震に関心が高いこと、さらに木舟城とかかわりのある佐々成政や前田利家が登場するNHKの大河ドラマ『利家とまつ』の舞台がこのころ越中、能登にまわってきたことなど、まさに時宜にあった企画であった。しかもシンポジウム当日は天正大地震のあった11月29日の翌日という入れこみようである。

シンポジウムのカラー映像や解説図録もオールカラーでわかり易く、得られる情報量が極めて多いことも評価される。また発掘調査で出土した遺物が隣室に展示され、木舟城跡から出土したいくつもの天目茶碗はあわただしい戦国の世に、茶の湯の境地に浸った武将の心情を想い起こさせ、城下町では日常容器の木製品、陶磁器類のほか、化粧道具、遊び道具、茶道具、金属工具、武器、仏具など数々の遺物は多用な生業や暮しぶりを物語っている。

ところで木舟城を崩壊させ、城主の前田秀継夫妻を圧死に至らしめた大地震は、『三壷聞記』では城を三丈ばかり揺り沈めたと伝える。三丈(約９m)は多分に誇張されているにしても、その数値は建物全体の高さを示すものか、あるいは城塁の高さをさすものであろうか。建物の高さとすれば９mは２層２階建の棟高さ程度で想定しうる規模だが、城塁の高さとなると平野に立地する木舟城の周囲の地形からみて、それだけの高さを得るにはほとんどを盛り土によらねばならず、現状が高さ２mほどの城跡の残丘からはにわかに首肯しがたい。木舟城と立地や郭の構成が似て、天正13年に豊臣秀吉の越中佐々成政攻めに白鳥城の前進基地となった婦中町の安田城跡では、土塁に礫とシルトが互層に盛り土されていることをみても、容易に崩壊するような造成がなされたとは思えない。

地震考古学を提唱されている寒川 旭氏の発表によれば、木舟城を崩壊させた「天正地震」の規模はマグニチュード８近くと推定され、大地震による液状化跡を示す砂脈や地すべり痕跡は木舟城跡の発掘調査トレンチ各所のほか、近接する石名田木舟遺跡や開辟大滝遺跡でも見つかっている。また五社遺跡の井戸跡(SE8058)では井戸枠の曲物が上下段で北東方向に約52㎝もずれており、地震力の強さを示している(『五社遺跡発掘調査報告』富山県文化振興財団 1998)。発掘調査トレンチでは礫層から砂層にかけて地下水位があり、水を多く含んだ砂層が大地震によって液状化し、多くの被害をもたらした要因である。木舟城は砂上の楼閣であったのだろうか。

木舟城跡周辺では大型ほ場化と水路や道路の整備が進み、旧地形をすっかり変えてしまっている。これによって消滅したと思われた戦国時代の遺構や遺物が意外によく残っていることが発掘調査で確認され、今後の調査に期待がもたれる。ことに城下町跡にあっては短期間のうちに幾度も改変され、それが城主の交替ともからむのではないかとの報告は、戦国の世相を如実に示すもので興味深い。それらが天正13年の大地震で途絶え、そのまま土中にパックされているのだから下限年代が押さえられる貴重な遺跡でもある。

今回のシンポジウムには木舟城主であった石黒左近蔵人成綱が、天正９年に織田信長に謀殺された長浜から、木舟城と同じ天正13年の大地震で大きな被害を被った長浜城下町の地震痕跡が報告され、「天正地震」の強大さを共感した。また木舟城に先んじ天正元年に織田信長によって滅亡した越前朝倉氏一乗谷城下町の様子が報告され、出土遺物も展示された。一乗谷遺跡は30年に及ぶ発掘調査と史跡整備が進められている全国屈指の城下町であり、木舟城にとってもその取り組み方に見習うことが多い。

悲喜こもごもの戦国の世が、より鮮明になったシンポジウムであった。

ファーストステージからセカンドステージへ　木舟城

北陸中世考古学研究会　宮田　進一

開幕のベルが鳴り、いきなり木舟城の歴史とそれを取り巻く時代の映像が流れる。さながら戦国時代の世界にタイムスリップである。戦国時代絵巻の世界が終わり、その余韻を持ちながら、千田嘉博氏の軽妙な話しぶりに吸い込まれる。織田信長が造った安土城のコンピューターグラフィックスが写し出されるにあたり、いつの間にか、木舟城が安土城の小型版のような錯覚に陥る。ふと我に返って見ると、小さな高まりを細長く残るのみで、城の面影が浮かばないことに気がつく。千田氏の巧みな話術に引っかかる。心地よい感激が走る。やがて、木舟城の文献資料や発掘調査、戦国大名の朝倉氏館と城下町、木舟城を崩壊させた天正大地震で埋没した長浜城の城下町、さらに、地震の規模や内容の話が続き、阪神・淡路大震災のことが思い出され、あっという間に、木舟城シンポジウムが終わる。木舟城に込められた思いは、なかなか短時間では尽くせない。大変盛況であった。

この日の夜は興奮して眠れない。胸につかえていた思いは、とれない。木舟城の範囲が果たして確定したのか、城の主郭に残っている高まりは、土塁として考えられるのか、その中にどんな建物が建っていたのか、新しい時代のものも綴られている杉野家文書の木舟古城図は、はたして元禄９～12年作成のものか、木舟城の城下町はどうしてあんなに離れているのか、地震で城や町はどれほど破壊を受けたのか…など。そんなことを考えているうちに、いつの間にか深い眠りについた。

朝起きてみると、ふと頭に浮かんできたのは、木舟城のファーストステージからセカンドステージに立っているからなのでないかと感じた。そうだ、この木舟城シンポの計略にまんまと引っかかっていたことに気づき、また、木舟城のことを考え始めた。

ところで、発掘調査によって、木舟城がどれほど明らかにできただろうか？

諸般の事情で、木舟城の範囲を十分に確認できていない試掘調査。それに基づく木舟城シンポは、調査担当者やシンポを支えてきた人びとにとって、大変苦労があっただろうと想像される。しかし、想像を交えながらも、映像にしたことが、町民に木舟城を身近に近づけたことは確かであろう。個別の発表よりも記憶に残ったことだろう。個別の発表は、それ自体、深い内容なので、少なすぎる時間では語り尽くせないことが多い。いっそのこと、短い映像にすれば良かったかもしれないと感じた。また、町民からの木舟城に対する疑問・質問に対する回答時間を多くとれれば、言葉のキャッチボールにより、木舟城がより身近なものになったのではないかと思った。それらのことは、今後の課題となろう。

今回のシンポを観戦して、全体の１割ぐらいしか木舟城のことが、明らかになっていないことを感じた。まだまだ、木舟城から多くの情報を引き出せることができるため、本格的な調査の継続が必要であると痛感した。このシンポを通じて、木舟城を町民に理解してもらえる道を明らかにできたことは、大変意義深い。

蛇足であるが、北陸の中世城館から見ても、木舟城が気になる存在である。主郭や曲輪、それらを取り巻く堀などの平城の造りと城下町。城の三方は沼地として自然の地形を防御とし、もう一方に屋敷地が広がる。南北に連なる地形に制約されて、城の範囲が決まる。川を隔てて東側に町が広がる。その間を道が結ぶ。城を核としてネット状に町が繋がっているような景観を示す。また、城の基にもなると考えられる15世紀代の方形の屋敷地が、城の西側に見られる。そのような内容を含んでいる木舟城は、山間に立地している城と城下町とは違っている。

平地に築かれた城と城下町が残っている木舟城の調査を継続することによって、さらなる成果が期待できる。

視覚的シンポジウムへの挑戦
－木舟城シンポの参加記－

富山県魚津市教育委員会　塩田　明弘

去る平成14年、11月30日に開催されたシンポジウムは、平成８年から実施されてきた木舟城範囲確認調査の総括と成果発表という形で行われたものである。従来のシンポジウムとは異なり、映像を駆使したわかりやすい構成と、地元福岡町民に木舟城への興味・関心と誇りを持たせる内容が印象的であった。会場となった町民センターは、定員を上回る参加者で賑わっていた。この年は大河ドラマの影響もあってか、多くの方が北陸の戦国時代に興味関心を向けていたことも多くの集客に繋がったのかもしれない。また、シンポジウムと同時開催で、木舟城とその城下町遺跡、福井の一乗谷遺跡、滋賀の長浜城跡の出土品も展示されていた。地元の遺跡が、他の有名な城館遺跡にも引けを取らない、豊富な内容であったことは、当時の繁栄ぶりを物語っている。

シンポジウムの内容は３部構成で、一般市民に対していかにわかりやすく、興味を抱かせるかということにシンポジウムの重点を置いたものと思われた。第Ⅰ部は、木舟城の概要と攻防の歴史を、大スクリーンによる映像で解説していた。この構成・製作はテレビ局と町教委の合同で、視覚効果をもねらったわかりやすい作りとなっていた。解説VTR以外にも、今回のシンポジウム開催にあたって、テレビコマーシャルや戦国時代を表象した印象的なポスターなど、映像作りに対して並々ならぬ努力を払われたことが、一般の人々にもよいPRとなったことは間違いない。第Ⅱ部は千田嘉博氏の基調講演となり、氏独特の語り口調で、戦国時代の城の形状や発展過程をスライドやCGを用いてわかりやすく解説されていた。他の戦国期（織豊期）の城を比較検討することで木舟城の形状や建物の配置などを想定されていたが、このことは、今後も調査を行うことにより解明されていくことを期待したい。第Ⅲ部は、木舟城跡に関わる調査報告と関連遺跡の調査、史跡整備の報告が成された。木舟城は天正大地震により倒壊したことから、調査区では噴砂や地滑り痕が確認されている。地震考古学提唱者の寒川 旭氏の発表では、遺跡を調査することによって、過去の歴史を解明するだけでなく、今後の地震予測を行う上でも有効であることを示したものである。一般の方々にも遺跡の発掘調査を行う重要性を身近な形で理解できたものといえよう。

木舟城は城自体の範囲確認調査とは別に、能越自動車道などに関わる大規模な発掘調査が行われている。調査では、道路に沿って建物跡や井戸・溝跡などが検出され、数多くの生活遺物が出土した。中世の城下町遺構が広域で確認された例は県内でもなく、不幸中の幸いといえよう。木舟城下町の調査成果は、他の城下町遺跡を調査検討する際にも大いに参考となるものである。私の勤務する魚津市内においても、県内でも有数の規模を誇る山城・松倉城跡がある。その山のふもと、谷あいを流れる河川の流域に城下町が広がっていたことが想定されている。しかし、広域な発掘調査が行われていないことや過去の速すぎるほ場整備事業によって遺跡が破壊された上に、地形が大きく改変されたことで、その詳細はいまだ不明である。しかし推定城下町地区において、地籍図や字名、数ヵ所の試掘調査によって少しずつではあるが、その一端が見えつつある。木舟城下町では、直線道路に沿った短冊型の地割が検出され、城を中心としてその周囲に衛星的に町を配しているようである。松倉城下町においても、地形的に町を点在させることは想定できないが、河川や道路に沿った地割で町屋を形成していたことは十分考えられる。

木舟城のシンポジウムを機に、木舟城のみならず、県内に所在する城館遺跡の調査やその保護活動に対して、地元の方々の理解や協力が得られていくことを期待したい。

木舟城シンポジウム「戦国の終焉」
～よみがえる 天正の世の いくさびと～に参加して

木舟城跡保存会　石黒　光祐

小さい頃から、「城山に行って遊んでこう」とかくれんぼ、鬼ごっこ、陣取り、スキー遊びやヨモグサ(ヨモギ、餅草)摘み、クローバーの四つ葉探し、首輪作り等に興じたものである。戦前は、後醍醐天皇の第7番目の皇子・宗良親王をお迎えした城として有名になり、その後、戦中は大根(しろやま大根で有名)、サツマイモ、大豆など野菜作りで食糧難を救い、またヒマなどの軍用油用に供する植物なども植えたものだった。

その後、城址は福岡町へ寄贈され、昭和40年に富山県指定史跡となった。そして『利家とまつ』で日本中が沸いた昨年のNHK大河ドラマが今日のシンポジウムとなり、一躍木舟城も陽の目を見、週に1台はバスが観光に来るようになった。

千田嘉博氏による「戦国の城を読む」によって、中世の城のイメージが解説され、戦国時代の城では石垣を備えたものも少なく、天守も基本的には無かったと話されて、城のイメージを改めることになった。ついで室町時代の館から戦国期拠点城郭へと発展させ、幻の安土城を考えるために、コンピューターグラフィックスを制作し、信長の天下統一ということまで話を発展させて城というものの概念を構築していただいた。

高岡 徹氏による「戦国の城と城下町の解明」は、築城が寿永3年(1184)石黒太郎光弘によるものとされ、その後も石黒氏が城主となったとのこと。これらの考証は他の城郭との比較、時代の流れ、水陸交通との関わり等小矢部川と今は無き北陸道の重要な要衝であったことを挙げられた。南北朝時代の石黒氏の活躍と苦汁は、左近蔵人の長浜で織田信長の粛清にあう悲しい末路。その後は、佐々平左衛門、前田秀継と城主が代わり、天正13年(1585)11月29日の大地震によって城は崩壊し、秀継夫妻は圧死し、翌14年(1586)には秀継の子利秀が城主として居城しようとするも、断念して今石動城の4万石の領主となる。その間の木舟城に関わる話を詳しく紹介していただいた。

栗山雅夫氏は、平成８年からの６年間にわたる電気・レーダー探査、簡易ボーリング調査を実施した結果を踏まえて、城の範囲、遺物、遺構について、スライド写真を示して分かりやすく説明された。あの10月、11月の寒い日、学生アルバイトを使って泥だらけになっての調査が実を結び、木舟城推定図が表示された。これは、当時の城址の威容が示されて、今後、木舟城のすがたを復原する基礎をなすものとして期待される。

酒井重洋氏は、「木舟城の城下町」と題し「石名田木舟遺跡」「開辟大滝遺跡」の中に城下町と考えられる町屋について専門的な考察を加えられ、身分の高い人の居住地と推測された。また、後者からは、鍛冶にかかわる炉跡が60基以上も確認され、鍛冶に関する職人町と推測された。

西原雄大氏は、長浜城下町遺跡で確認された、天正大地震のマグニチュード８と言われる大地震による被害、すなわち1,000戸を数えた長浜の半数が陥没し、残り半数も火災に遭って焼失してしまったという事例を紹介された。木舟と同じ運命の前田秀継と類似した城主山内一豊の運命も話された。

寒川 旭氏は、「木舟城の地震考古学」と題し、専門的に天正大地震の原理、被害状況、地滑りの痕跡、福岡町周辺の地震跡について写真を示して解説された。

岩田 隆氏は、朝倉氏の紹介とその活躍、一乗谷城下町とその規模、朝倉氏の館群、武家屋敷、寺院、町屋等を町割り模式図や赤淵・奥間野・吉野本地区略図によって解説され、戦国城下町の立派な遺跡を紹介された。

かくして、木舟城シンポジウム「戦国の終焉」は多大な成果を挙げて終了したが、今後も文化財保存のため、地元木舟城保存会はもちろん、福岡町が中心となって、富山県の指定史跡にふさわしい環境に盛り上げて，木舟城の復原やその有効利用(例えば歴史館、考古館、資料館、博物館等)、公園としての整備、城址にふさわしいイベント(10年前から行っている月見の宴等)などを新しく考えていくことが、我々の使命であろう。

最後になりましたが、今回の事業の遂行にあたり、いろいろとご高配を賜った福岡町、福岡町教育委員会の関係者に深甚の敬意を表します。

編集後記

初めて北陸の土を踏み、泥にまみれてはや７年の月日が過ぎた。今でこそ木舟城のおかげで、ここまで歩みを進めてこれたと爽やかな感想のひとつも言えようが、途中、二度や三度では収まらないほど投げ出してやろうかと思ったこともある。どうも愛憎相含む夫婦に似た感情を抱いているようだ。

この思い入れ深い木舟城をテーマにシンポジウムを企画するにあたり、歴史に興味を持ちはじめた初心者～研究者まで観客にしたいと欲張った。シンポの構成が第Ⅰ部～第Ⅲ部となっているのは、その合わせ鏡として初級者～上級者を想定しているからである。本書を読んでいただいてこの意図が伝われば、シンポの紙上公開という目的の半分以上は達成されたと考えている。本書の原点である2002年のシンポにおいて、私の企画構成の贅肉をズバズバ切り落とす助言と第Ⅰ部での感嘆すべき仕事により、ひと味違うイベントにしていただいた富山テレビ放送㈱の榊原さんには一言お礼を申し上げたい。

さて、歴史・考古を生業とする者のはしくれとしては、どこまでそれに貢献する仕事をしたのかと問われれば、事ここに至ってなお逡巡するばかりである。発掘現場と同様、数々の想いが浮かんでは消え、また浮かび、事実と錯誤の選別に悩んだ成果が本書である。従って、木舟城の調査はここにその第一歩を踏み出した段階であることを明記しておこう。

シンポから本書の刊行に至るまで、千田先生をはじめ高岡先生、酒井先生、西原先生、寒川先生、岩田先生の各氏にはここでは書き尽くせないほどのご恩を受け、またご迷惑をかけた。にもかかわらず、度重なる無理難題を何故かお聞き届け頂き、本書の刊行まで漕ぎつけることができた。感謝。そしてここまで漕ぎつけることができた舞台裏には当然、現地調査にご協力頂いた地元住民の方々の存在がある。感謝。

また、考古学リーダーという「生きた」叢書シリーズの第２冊目として本書を世に送り出すことができたのは、ひとえに六一書房の八木環一さんと編集担当の織田比呂子さんのお蔭である。本書を参考に第３冊目が出版されるかどうか、それは六一さんの宣伝次第ということにして、ともかく襷をつないだ本として評価されることを願って筆を置くとしよう。　　　　（2003．9．4　栗山）

考古学リーダー2
戦国の終焉 ～よみがえる 天正の世の いくさびと～

2004年2月16日　初版発行

監　　修　千田嘉博
編　　集　木舟城シンポジウム実行委員会
　　　　　編集者　栗山雅夫
発 行 者　八木環一
発 行 所　有限会社　六一書房　http://www.book61.co.jp/
　　　　　〒101－0064　東京都千代田区猿楽町1－7－1　高橋ビル1階
　　　　　電話03－5281－6161　FAX03－5281－6160　振替00160－7－35346
印刷・製本　有限会社　平電子印刷所

ISBN4-947743-20-4 C3321　Printed in Japan

『考古学リーダー』発刊にあたって

六一書房を初めて18年が経った。安斎正人先生にお願いして『無文字社会の考古学』の新装版を出させていただいてから７年になった。これが最初の出版であった。

思えば六一書房の仕事は文字通り、「隙間産業」であったかも知れない。最初から商業ベースに乗らない本や資料集ばかりを集め、それを売ることに固執した。今、研究者が何を求め、我々に何を要求しているのかを常に考えた。「本を売るのではない、情報を売るのだ。そうすれば本は売れる。」と口ぐせのように言ってきた。

六一書房に頼めばこの本を探してくれるかも知れないと、問い合わせが入るようになった。必死で探した。それが情報源となり、時にはそのなかからベストセラーも生まれた。研究会や学会の方からも声がかかるようになった。循環路ができ、毛細血管のような情報回路が出来てきた。

本を売ることに少しだけ余裕が出来てきたら、本を作りたくなった。そしてふだん自分達が売っている本を自分で作ってもいいじゃないかと考えてみた。時には著者に迷惑をかけながらも、本を出してみた。数えたら、もう10冊を越えていた。

今回、本書の出版準備を進めていくなかで、シンポジウムを本にまとめあげていただいた西相模考古学研究会の伊丹さんと立花さんの情熱に感心しているうちに『叢書』を作りたいという以前からの思いが頭に浮かんできた。最前線で活動している研究者の情熱を伝えてこそ、生きた情報であり、今までそうした本を一生懸命売ってきたのだから、今度はそういう『叢書』を作ろうと思った。伊丹さんに相談したら、思いを理解していただき、『考古学リーダー』という命名までしていただいた。

世に良書を問うというのは出版する者の責務であるが、独自な視点を堅持してゆきたいと思う。多くの方々の助言、苦言を受けながら頑張ってゆきたい。皆さんにおもしろい、元気のでる企画をお持ちいただけたら幸せである。

2002年11月

六一書房　八木 環一